Eckart Witzigmann
Highlights

Einzigartige Küchenschätze für Feinschmecker

Highlights aus der „Aubergine" dem legendären Gourmet-Restaurant von Eckart Witzigmann

Nikol Verlagsgesellschaft mbH & Co. KG · Hamburg

Eckart Witzigmann

Die „Highlights" aus dem Restaurant „Aubergine" (1979 bis 1994) gehören noch immer zu meinen Lieblingsgerichten und scheinen auch vielen anderen gefallen zu haben. Das Buch war schnell vergriffen. Weil viele Freunde meiner Küche darauf drängten, liegt es jetzt in einem unveränderten Nachdruck wieder vor.

Ich wünsche Ihnen viel Freude beim Kochen.

Restaurant Aubergine

Maître d'Hotel Gesumino Pireddu

Auch große Köche fangen klein an. Eckart Witzigmann bekam nach der Lehre die riesige Chance, bei Paul Haeberlin in Illhaeusern die Geheimnisse und Techniken der Grande Cuisine zu studieren. Er nutzte die gebotene Möglichkeit mit der ihm eigenen Akkuratesse: Nach der Tagesarbeit schrieb er auf, was ihn an der Kochkunst des schon damals legendären Chefs beeindruckte. Die gleichen sorgfältigen Notizen machte er sich im „Grand-Hotel Hof Ragaz", bei Paul Bocuse, in der Brüsseler „Villa Lorraine". Ein eindrucksvoller Fundus für ein großes Repertoire. Und Witzigmann wucherte wie kaum ein anderer mit dem Pfund seiner Begabung: Kein Koch in Deutschland hat die große Küche diesseits des Rheins mit so vielen Impulsen vorangetrieben. Erst am Herd des „Tantris", dann in der eigenen „Aubergine" marschierte der kreative Witzigmann mit unüberschmeckbarem Abstand an der Spitze des Fortschritts in der deutschen Gastronomie. Ein Kleingeist, wer da an den österreichischen Paß des Propheten im fremden Land erinnert – guter Geschmack kennt keine Grenzen. Witzigmann zählt zu den herausragenden Chefs, die mehr am Herd stehen als vor der Fernsehkamera. In der täglichen kompromißlosen Arbeit in der Küche liegt ein Grund für die große kulinarische Finesse seiner Gerichte; die Nähe zu jedem servierten Teller ist – neben der Witzigmann-typischen Verbesserungswut bis ins kleinste Detail – eine unerläßliche Voraussetzung für höchstmögliche Qualität. Spektakulär aufkochen können viele, das Quentchen mehr Esprit und Engagement macht „den Witzigmann".

Rezept-Notizen aus der „Villa Lorraine" (1968)

anguilles au vert:

oseille
citronelle
sauge
menthe
persil
épinard
gebunden mit Sce. Suprème

Die Halsstücke mit den Echalotten anziehen lassen, Fischfond, Weißwein, gerade bedeckt, Bouquet garni. Zudecken und im Ofen pochieren. Regoutier, etwas Sce. Suprème den Fond binden, im letzten Moment die Kräuter beigeben. Man kann Sahne beigeben. Keine Dotter!

Andere façon au Curry, Provençale.

coquilles st. jaques persane:

Échalottes + oignon, Safran, vin blanc réduire, poche les coquilles, mette le réduction et le cuisson ensemble, crèmer, tomat concassé, persil concassé, sce. hollandaise.

sole „lorraine": (2 couverts)

poché, 2 tête de champignons, echalotte, fumet de poisson, laisser réduire le cuisson, crèmer, 1 cuiller crème chantilly, coupe les champignons en tranche, medaillons de homard, nappe, parmesan glacer, lames de truffes, fleurons!

Rezept-Notizen aus der „Villa Lorraine" (1968)

sauce 1000 island dressing:

1.) Art	1/2 l	Mayonnaise
	3 EBl.	Chillisauce
	1 "	geh. Piments
	1 "	geh. Ei
	1 "	Schnittlauch

× EBl. = EBlöffel

2.) Art	1 EBl.	roter u. grüner Paprika
	1 "	Ei
	1 "	Zwiebel
	1 "	persil
	1 "	mango-chutney
	1 "	Ingwer
	3 "	Chillisauce

fein gehackt

Rezept-Notizen aus dem „Grand-Hotel" (1963)

loup en croûte sauce choron:

Am Rückgrat entlang aufschneiden, die Knochen entfernen, jedoch nicht das Rückgrat. Die Haut vorsichtig entfernen, mit Salz, Pfeffer, thym, estragon, jus de citron, huile d'olive einen Tag lang marinieren.
Man füllt die Bauch, sowie die Rückenseite mit der Farce: mousse de homard, pistazien, trüffel.
Ensuite le recouvrir de feuilletage et passer au four 40 à 50 min. Die Bodenseite des Fisches, soll besser aus einem Halbblätterteig angefertigt sein.

<u>Sauce choron:</u> fr. Estragon, Kerbel, Echalotten, alles gehackt m. Salz, Pfeffer, Weinessig, Wasser, eine Reduktion machen.
Nun mit den Eigelben aufschlagen, mit der zerlassenen Butter aufschlagen. Zum Schluß das Tomatenmousse von fr. Tomaten beigeben. Würzen. Die oben angeführten fines herbes, werden frisch geh., der Sauce eingemengt.

Rezept-Notizen aus dem „Bocuse" (1966)

le homard „prince wladimir":

Schwanz und Zangen (in der Schale) werden im heißen Olivenöl zur Rötung der Schalen ausautiert, das Öl abgegossen, Butter beigegeben, sowie echalotten, laurier, thym, gousse d'ail, peu safran, cellerie en branche, poivre, mit Cognac flambieren, vin blanc, fumet de poisson kurz bedecken.
Der gewonnene Fond wird nun gebunden mit folgender Masse: Butter, Mehl, les parties crémeuses, passiert.
Julienne von laitue werden blanchiert, danach mit Butter, echalotten gedünstet (ohne Beigabe von Flüssigkeit).
<u>Gestaltung der Platte:</u> Ein Sockel von laitue, darauf werden die warmen Hummerscheiben placiert, m.d. Sce. nappiert und glaciert. lames de truffes, fleurons.
<u>Sauce:</u> Die oben angeführte Sauce wird mit Sauce Hollandaise unterzogen, etwas Champagner, Cayenne.

Rezept-Notizen aus der „Auberge de l'Ill" (1964, 1967)

la mousseline de grenouilles „belle alliance":

Dariolformen werden gut ausgebuttert, mit einer leichten F. Farce hoch ausgespritzt (mit Hilfe einer Tülle, Spritzsack) mit folgendem Ragout gefüllt, in Farce dünn zugestrichen und im Wasserbad pochiert.

__Ragout:__ Die grenouilles werden mit echalotten, beurre, vin blanc, fond blanc, sel, poivre, peu d'ail pochiert. Ausbeinen, mit einer kurz gehaltenen Sce vin blanc gebunden (ganz wenig Sauce). Würzen, sel, poivre, fines herbes, jus de citron.

__Sauce:__ Der gewonnene Fond wird reduziert, mit Sahne, Butter, etwas beurre manier, zu einer nicht zu dicken Sauce verarbeitet.

Die mousseline werden auf einem Sockel von Blattspinat dressiert, mit Sauce nappiert, fr. tomateconcassée, lame de truffe, fleuron.

la poularde gratinée de l'auberge:

Eine fr. gebratene Poularde wird portioniert. Man nappiert jene poulardenstücke, mit einer Sauce mornay, bestreut es mit ger. Schweizerkäse und gratiniert es im Ofen. Dazu serviert man eine Sauce Périgueux.
Evt. kann man eine Tranche foie gras beigeben.

le coq en pâte: (Vereinfachung)

In einer Cocotte verteilt man Champignons, sauce périgueux, rohe Schweinefarce (in der Größe des poulets), darauf placiert man das fr. gebratene Pouletstück (lauwarm), sowie eine Tranche foie gras. Der Rand von der Cocotte wird mit Ei bestrichen, deckt mit Blätterteig ab, welcher ebenfalls mit Ei   wird. Man bäckt jenes Gericht, bei nicht zu hoher Temperatur.

la ballotine de volaille à la creme aux morilles:

Der hohl ausgelöste Cuisse, wird mit mousse de foie gras gefüllt. Sauter, echalotten, deglacer au riesling, fond de volaille. Im letzten 1/3 läßt man die morilles à la crème und cuisse, zusammen poelieren.

Rezept-Notizen aus der „Auberge de l'Ill" (1964, 1967)

Eckart Witzigmann
Highlights

Einzigartige Küchenschätze für Feinschmecker

Nikol Verlagsgesellschaft mbH & Co. KG · Hamburg
www.nikol-verlag.de

Die Highlights

	Seite
Auberginen à la „Aubergine"	30/31
Galette von wildem Reis mit Kaviar	32/33
Räucherlachsmousse auf Kaviargelee	32/33
Räucherlachsgelee mit Spargelmousse	34/35
Kalbsbries mit grünem Spargel und Morcheln	36/37
Taubenbrust auf Artischocken-Pilzsalat	38/39
Taschenkrebssalat mit Erbsenschoten	38/39
Chartreuse von der Taube	40/41
Terrine von Gänseleber und Morcheln	42/43
Parfait von Kalbsbries und Hummer	42/43
Aalgelee	42/43
Gefüllte Gemüse mit Petersilienbutter	44/45
Trüffel-Cannelloni mit Pakchoi und italienischem Speck	46/47
Rosette von Topinambur und schwarzen Trüffeln	46/47
Trüffel-Ei auf Cremespinat	48/49
Weiße Trüffel auf Artischockensalat	48/49
Jakobsmuscheln und Langustinen auf Chicorée mit Rotwein- und Limonenbutter	50/51
Schellfisch im Strudelteig und zwei Saucen	52/53
Rotbarbe mit Kartoffelschuppen auf Zucchini-Auberginensalat	54/55
Salatkomposition mit Kaninchen und Steinpilzen	54/55
Gefüllte Krebsnasen mit Kohlrabi	56/57
Carpaccio von Jakobsmuscheln und Oliven	58/59
Jakobsmuscheln und Lachs im Frühlingsrollenteig	58/59
Bretonischer Hummer auf schwarzen Ravioli	60/61
Hummersuppe mit Blumenkohlröschen	62/63
Gelee mit Austern und Seeigeln	62/63
Rotbarbe und Wolfsbarsch auf Weißweinsauce	64/65
Gebratener Waller auf eingemachten Tomaten	66/67
Waller im Riesling-Wurzelsud	66/67
Aal in Rotwein	68/69
Steinbutt-Rosette mit Algen auf Limettensauce	70/71
Zander auf Linsenspecksauce	72/73
Steinbutt in Kartoffelkruste auf Linsen	72/73
Rotbarbe mit jungem Knoblauch in Gemüsetee	74/75
Gefüllte Knödelblätter mit Lammzunge und schwarzen Trüffeln	76/77
Gefüllte Knödelblätter mit Lammbries und Pfifferlingen	76/77
Kaninchen-Emincé auf süßer Kartoffel mit Shitake-Pilzen und Lauchzwiebeln	78/79
Im ganzen gebratene Kalbsniere auf Austernpilzen	80/81
Kalbsnieren-Nüßchen auf Graupengemüse	80/81
Kalbsbries „Rumohr"	82/83
Gebratenes Kaninchen mit Bärlauchcreme	84/85
Geschmortes Zicklein mit Schalotten und Bärlauchbutter	84/85
Beuschel vom Kaninchen mit Palffyknödel und Wachtelei	86/87
Geschnetzelte Innereien von der Gams	86/87
Lamm-Crépinettes auf geschmortem Wirsing	88/89
Gefüllte Taubenbrust im Schweinenetz mit Kartoffel-Crêpe	88/89
Gepökelte Entenbrust auf Rübenkraut	90/91
Lammrücken mit Auberginenfüllung im Zucchinimantel	92/93
Spanferkelrücken auf jungem Kohl mit Saubohnen	94/95
Kalbsfilet mit gefüllten Artischocken und Kartoffel-Lauch-Chips	96/97

Kalbsbrustspitzen und Kalbskopf in Riesling mit Palffyknödeln	98/99
Kalbskotelett mit „Feinem vom Kalb" und Lauch	100/101
Topfenknödel mit Herzkirschen	102/103
Wiener Flora-Krapfen mit Himbeeren	102/103
Schoko-Omelette mit Orangen	102/103
Backpflaumen in Cassis mit Mohnmousse	104/105
Beerensülze	104/105
Grieß-Soufflé mit Aprikosen	106/107
Lebkuchen-Soufflé mit Altbier-Sabayon und Preiselbeeren	106/107
Gefüllte Orangenhippen mit Erdbeeren und Minzsauce	108/109
Schokoladenblätterteig mit Tee-Mousse und Nougateis	108/109
Weißer Pfirsich mit Campari-Schaum	110/111
Die Schüler	113
Makkaroni-Soufflé auf Safransauce	116
Artischockenparfait mit Hummer	117
Paprika-Essenz mit Kartoffelroulade	118
Lachs mit Limettensauce	119
Kalbskopf mit Bries und Hirn auf Salat	120
Hummer-Lasagne mit schwarzen Trüffeln	121
Lotte auf Kartoffeln mit Zwiebeln	122
Lachstimbale mit Krebsen	123
Gebratener Loup auf Fenchel	124
Hummer exotisch	125
Zweierlei Kalbsnieren auf Artischocken mit Schalottensauce	126
Gepökelte Lammzunge mit Kartoffelrouladen	127
Gefüllte Poulardenbrust auf Kartoffel-Lauch-Gratin	128
Überbackenes Stubenküken auf zwei Saucen	129
Lammsattel im Pfeffersud mit Frühlingsgemüsen	130
Kaninchenschnecke mit Morcheln und Karotten	131
Gefüllter Kaninchenrücken mit Shitake-Pilzen	132
Hummer auf weißen Bohnen	133
Lachsschnitte auf Fenchelfondue mit Zucchini-Pistou	134
Avocado-Mango-Carpaccio mit Langustinen	135
Rotwein-Risotto mit Rotbarben und grünem Spargel	136
Gefüllter Ochsenschwanz	137
Rehrücken im Blätterteig	138
G'röstl von Krebsen und Kartoffeln	139
Gespicktes Kalbsbries mit grünem Spargel	140
Pochiertes Kalbsfilet mit Pesto	141
Eintopf von der Taube	142
Ravioli mit Entenfüllung und Steinpilzen	143
Kalbsniere mit Kalbshirn gefüllt	144
Quarksoufflé mit Limettensauce	145
Soufflierter Crêpe mit Kirschen	146
Mango-Charlotte mit Heidelbeersauce	147
Geeiste Apfelsuppe mit Frittaten	148
Portweinfeigen in Schokoladenschaum	149
Honig-Mousse mit Walderdbeeren aus dem Schokoladenkörbchen	150
Gebackene Erdäpfelnudeln mit Vanillesauce	151
Glacierter Nußschmarren	152
Feigenküchlein auf Cassis-Spiegel	153
Die Rezepte	155

Flower-Power

Das Fest fürs Auge findet in Spitzenrestaurants nicht nur auf dem Teller statt. Die „Aubergine" fasziniert ihre Gäste, die über den Tellerrand hinausschauen, mit bildschönen Blumen.
Die Bouquets sind das Werk der Pariserin Françoise Black, die seit Jahren in München lebt und sich, weil Eckart Witzigmann die Abwechslung liebt, jede Woche ein neues Blüten-Thema für die „Aubergine" ausdenkt. Ohne Zweifel ein kostspieliges Vergnügen. Besonders dekorative Blumen oder exotische Blätter bezieht die Floristin taufrisch über die gleiche Adresse, die den Küchenchef mit Top-Produkten versorgt: vom Pariser Großmarkt Rungis.

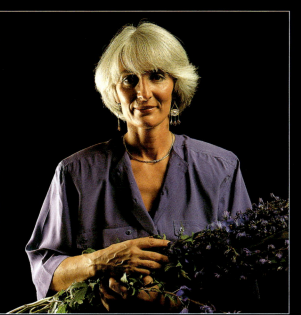

Highlights

Aubergine – bis 1978 nur ein aus Asien oder Afrika nach Europa verpflanztes Nachtschattengewächs, als Bereicherung für Salatschüsseln und Gemüseplatten überall willkommen. Seither ein Synonym für außergewöhnliche Kreativität und höchste Perfektion in der Kochkunst. Wie gut rustikale Gemüse und große Küche harmonieren, beweist Eckart Witzigmann mit diesem Amuse-gueule aus Auberginen.

Wer meint, Kaviar sei dann am besten, wenn man ihn per Elfenbeinlöffel aus der Dose schöpft, soll das ruhig weiterhin glauben – und sich als Purist um Köstliches mit Kaviar bringen. Für den großen Koch ist auch das Beste vom Stör ein Produkt, das seine Kreativität herausfordert. Eine Idee, die dem Kaviar sehr entgegenkommt: ihn auf einer Wildreis-Galette mit Schnittlauchcreme zu präsentieren. Auch ins Gelee eingesprengselt, betört er Auge und Gaumen.

Galette von wildem Reis mit Kaviar
Räucherlachsmousse auf Kaviargelee
Seite 32/33

Ein Paradebeispiel für geschmackliche Kombinationsgabe und küchentechnische Kunst: Gelee von Räucherlachs und grünem Spargel. Eine Herausforderung an die Fähigkeiten eines Kochs, der auch erfahrene Gäste noch beeindrucken möchte.

Räucherlachsgelee mit Spargelmousse
Seite 34/35

Inbegriff einer der Saison verpflichteten Küche ist die Kombination von Morcheln mit Spargel (und Bries): eine ebenso feine wie ansehnliche Verbindung, die so gar nichts Gewolltes an sich hat, sondern pure Naturschönheit ausstrahlt. Dies Gericht erweist einem der letzten noch nicht beliebig manipulierbaren Gemüse die gebührende Ehre: Die Morchel ist gegen Zuchtversuche weitgehend resistent – und fordert immer wieder dazu heraus, weil sie nur kurze Zeit frisch zu haben ist (ansonsten aber getrocknet gute Dienste tut).

Kalbsbries mit grünem Spargel und Morcheln
Seite 36/37

Salate,

einst nur mehr oder weniger gute, gesunde Beilage, haben einen Begriffswandel erfahren und sind längst willkommener Start eines Menüs. Zum Salat läßt sich heute nahezu alles komponieren. Doch Kreativität entscheidet nicht allein: An seinen Salaten läßt sich deutlich erkennen, mit wieviel Liebe für seine Gäste ein Koch am Herd steht. Witzigmann kultivierte den Salat zum opulenten Gang.

Taubenbrust auf Artischocken-Pilzsalat
Taschenkrebssalat mit Erbsenschoten
Seite 38/39

Ein Schaustück für den Gast, eine Strafarbeit für den Koch: die besonders magenfüllende klassische Chartreuse auf die angenehme Schwerelosigkeit der zeitgemäßen Küche zu reduzieren. Denn auch diese Augenweide und Gaumenfreude ist wie alles, was auf dem Teller ganz leicht erscheint, am Herd nur mühselig und zeitraubend zu fertigen.

Chartreuse von der Taube
Seite 40/41

*T*adellose Terrinen setzen die höheren Weihen der Kochkunst voraus: präziseste Arbeit und exakteste Garzeiten, geschmackliche Komposition und ansehnliche Präsentation. Sind Terrinen, einst überall „in", heute wegen ihres immensen handwerklichen Schwierigkeitsgrads weitgehend „out"? Und hat deshalb nur die relativ einfache, pure Gänseleberterrine allerorten überlebt?

Terrine von Gänseleber und Morcheln
Parfait von Kalbsbries und Hummer
Aalgelee
Seite 42/43

Der Gemüseteller wird längst nicht mehr nur für militante Vegetarier gerüstet, er hat auch die Grande Cuisine erobert. Das mit Gemüse (und manchmal auch ein bißchen mehr) gefüllte Gemüse demonstriert, daß die Vegetabilien immer dann stiefmütterlich behandelt worden sind, wenn sie bloß als biedere Beilage erscheinen dürfen.

Gefüllte Gemüse mit Petersilienbutter
Seite 44/45

Schwarze Trüffeln, fein gehackt in Saucen und Terrinen, sind beim breiten Publikum beliebt. Im ganzen goutieren die Trüffel nur jene wenigen Gäste, die beim Genuß nicht sparsam dosieren. Frankreichs edelstes Produkt harmoniert auch zu Cannelloni à la Witzigmann perfekt und wird als Knollen-Kombination mit Kartoffeln oder Topinambur zu einem kulinarischen Ereignis. Gekrönt von Gänseleber und garniert mit klassischer Trüffelsauce.

Trüffel-Cannelloni mit Pakchoi und italienischem Speck
Rosette von Topinambur und schwarzen Trüffeln
Seite 46/47

Sie ist so teuer wie Gold, aber ungleich wohlschmeckender: die weiße Trüffel. Ihre volle Wirkung entfaltet sie allerdings nur, wenn nicht geknausert wird. Über eine Pasta gehobelt, ist sie am allerbesten – im Süden Deutschlands noch etwas mehr als im Norden. Ideal paßt Italiens größte Köstlichkeit zu Spinat (mit einem Hauch Knoblauch) und Spiegelei – so macht der Kinderschreck unter den Gemüsen jeden Gourmet selig.

Trüffel-Ei auf Cremespinat
Weiße Trüffel auf Artischockensalat
Seite 48/49

Der Saucenlöffel war noch eine Rarität in Deutschland, als Witzigmann in frühen „Tantris"-Jahren den Butt gleichzeitig mit einer Rot- und Weißweinsauce servierte. Seine spektakuläre Kreation, diesseits des Rheins eine völlige Novität, löste bei seinen Kollegen hierzulande eine Welle von Saucen-Dialogen aus.
Die meisten Nacheiferer tun sich schwer, weil die Wahl der richtigen Weine für die Kombination und Konfrontation zweier Geschmacksnuancen große Subtilität verlangt.

Jakobsmuscheln und Langustinen auf belgischem
Chicorée mit Rotwein- und Limonenbutter
Seite 50/51

F
ritierter

Fisch und Beurre blanc – zwei Reizwörter, zumindest für den linienbewußten Gourmet. Und von besonderem Reiz, wenn nicht in überhitztem, sondern in neutralem Öl fritiert und nicht mit dem allerorten üblichen chinesischen Reisblatt gelangweilt wird, sondern im ebenso fragilen wie perfekten österreichischen Strudelteig die volle Geschmacksfülle des Fischs bewahrt bleibt.

Schellfisch im Strudelteig und zwei Saucen
Seite 52/53

Banausen des Anrichtens haben in ihrer gedankenlosen Langeweile die Blattsalate diskreditiert. Doch ein sensibler Koch kann das Blatt wenden und mit dem Grünzeug zieren wie aromatisieren – die „Waldeslust" mit Steinpilzen und Kaninchen ebenso wie den querbeet grünen „Fischsalat".

Rotbarbe mit Kartoffelschuppen auf
Zucchini-Auberginensalat
Salatkomposition mit Kaninchen und Steinpilzen
Seite 54/55

Krebse

gab's früher in jedem Bach, Kohlrabi in jedem Garten. Heute setzt dies ehedem bodenständige Gericht einen Rest von heiler Welt voraus, die auch in Oberbayern noch zu finden ist. Aus dessen unverklappten Gewässern bekommt Witzigmann mit Alfons Schuhbecks Hilfe hochfeine Krebse, die sich trefflich mit dem jungen Gemüse kombinieren lassen.

Gefüllte Krebsnasen mit Kohlrabi
Seite 56/57

Die Jakobsmuschel, zu einem Lieblingsprodukt der Küche von heute avanciert, serviert Witzigmann gern roh, weil dann ihr schöner Eigengeschmack besonders gut zur Geltung kommt. Doch auch in fritierter Form ist die Coquille ein kulinarisches Erlebnis.

Carpaccio von Jakobsmuscheln mit Oliven
Jakobsmuscheln und Lachs im Frühlingsrollenteig
Seite 58/59

In der Schale gebraten, entfaltet der Hummer sein volles Aroma, schmeckt viel intensiver nach Meer als in jeder kunstvollen oder verkünstelten Verpackung. Die klassische Sauce erhöht den Hummer-pur-Genuß aus einer naturellen Küche, deren ganze Behutsamkeit gefordert ist, weil das scheinbar schlichte, in Wahrheit jedoch schwierige Gericht zum Beispiel nach perfekter Garzeit verlangt.

Bretonischer Hummer mit schwarzen Ravioli
Seite 60/61

Die Hummersuppe, eine kräftige Bisque, mit Blumenkohlröschen widerlegt nicht nur, daß Karfiol (wie der Österreicher Witzigmann ihn nennt) müffelt, sondern räumt auch mit dem hartnäckigen Vorurteil gegen Suppen in der großen Küche auf. Das kalte Austerngelee im tiefen Teller erweitert die Suppen-Vielfalt um eine neue Dimension. Ein Kasper, wer solche Suppen nicht mit größtem Behagen löffelt.

Hummersuppe mit Blumenkohlröschen
Gelee mit Austern und Seeigeln
Seite 62/63

Kein alter, sondern ein modischer Zopf: Loup und Rouget nicht im Stück, sondern kulinarisch verflochten. Zum unüblichen Arrangement gibt es einen ebenso außergewöhnlichen Wein: Zur reichen Sauce harmoniert der schwere trockene Sauternes perfekt. Alle Produkte dieses opulenten Gerichts verbinden sich zu einer geschmacklich vollkommenen Mariage.

Rotbarbe und Wolfsbarsch auf Weißweinsauce
Seite 64/65

Der Waller, ein klassisches regionales Kontrastprogramm zu Loup und Lotte, ist keineswegs von provinzieller Preiswürdigkeit. Sondern teuer, weil der Koch nur vierzig Prozent des Fischs servieren kann. Ob mit Tomaten oder Meerrettich, ob pochiert oder gebraten: Das vermeintlich einfache Wallergericht überzeugt, wenn der Fisch perfekt ist. Und dazu gehört, daß er – wie Aesche, Aal oder Hecht – nach dem Fang ein bis zwei Tage auf Eis ruht, denn erst entspannt schmeckt sein Fleisch optimal.

Gebratener Waller auf eingemachten Tomaten
Waller in Riesling-Wurzelsud
Seite 66/67

Wer die gängigen Vorurteile gegen den Aal hat, kann sie in der „Aubergine" überwinden. Denn der Knochenfisch käme hier gewiß nicht auf den Tisch, wenn er tatsächlich Aasfresser wäre und dementsprechend schmeckte. Und es gäbe ihn sicher öfter in der „Aubergine", wenn die Wasserqualität überall gut wäre.
In Anlehnung an die klassische „Matelote au vin rouge" serviert Witzigmann den ohnehin fetten Fisch nicht mit einer Cremesauce, sondern mit kraftvollem Rotwein – der auch im Glas dazu paßt.

Aal in Rotwein
Seite 68/69

Ein Rosenkavalier bittet zu Tisch. Mit Fisch in seiner originellsten Form. Der Butt, als Rosette unter leichter Hitze gegart, ist mehr als eine Freude für Ästheten. Er betört mit seiner Limettensauce jeden, der Fisch nicht nur in Stäbchenform kennt. Ein Sommergericht von mediterraner Heiterkeit.

Steinbutt-Rosette mit Algen auf Limettensauce
Seite 70/71

Auch ein Linsengericht verrät den großen Koch. Denn mit getrockneten Hülsenfrüchten, die man sich nach Konserven am schwersten in der Grande Cuisine vorstellen kann, läßt sich nur mit besonderer Phantasie etwas anfangen. Genial die Idee, für die Bindung des Linsengemüses Linsen zu pürieren. Hübsch der Einfall, sie als dekoratives Element einzusprengseln.

Zander auf Linsenspecksauce
Steinbutt in Kartoffelkruste auf Linsen
Seite 72/73

Eine Erinnerung an den letzten und Vorfreude auf den nächsten Provence-Urlaub: Rouget, der Lieblingsfisch aller großen Köche von heute, mit salonfähigem, nämlich jungem Knoblauch.
Das Gericht ist auch ein Beitrag zum Goldenen Schnitt in der Gastronomie: der zarte Knofel quer, der Mittelmeerfisch längs geschnitten.

Rotbarbe mit jungem Knoblauch in Gemüsetee
Seite 74/75

Nichts Schelmisches à la Schwejk inspirierte zu dieser Verfeinerung des böhmischen Serviettenknödels. Pate standen vielmehr die klassische Lasagne und die geschichteten Desserts. In dünnen Scheiben fasziniert der Knödel nicht nur Kalorienbewußte, sondern auch den Koch; denn Böhmens beste Beilage harmoniert mit unglaublich vielem.

Gefüllte Knödelblätter mit Lammzunge und schwarzen Trüffeln
Gefüllte Knödelblätter mit Lammbries und Pfifferlingen
Seite 76/77

Ein Witzigmann-Souvenir aus China: Sojasprossen mit Shitake-Pilzen zu Kaninchen. Der Pilz, in unseren Breiten jahrzehntelang bloß trocken bekannt, ist nicht nur durch die asiatischen Einflüsse auf die europäische Küche zu Ehren gekommen, denn das allzeit verfügbare, hocharomatische Zuchtgewächs ist weit mehr als nur ein Ersatz in der Steinpilz-losen Zeit.

Kaninchen-Emincé auf süßer Kartoffel mit Shitake-Pilzen und Lauchzwiebeln
Seite 78/79

Auf die Frage, was besser als ein perfekter Nierenbraten schmeckt, wird der Connaisseur stumm bleiben oder über seine subjektiven Vorlieben reden. In ihrem Fettmantel kroß gebraten, ist die Innerei gleichermaßen köstlich wie selten. Denn erstens ist sie in dieser Form hierzulande (im Gegensatz zu Frankreich) von den Veterinären verdammt und zweitens aufgrund der Fatalitäten in der Viehzucht kaum als perfektes Produkt zu haben. Bei Witzigmanns Milchkalb-Nieren muß der Gast keinerlei Ungemach fürchten.

Im ganzen gebratene Kalbsniere auf Austernpilzen
Kalbsnieren-Nüßchen auf Graupengemüse
Seite 80/81

Die Lektüre in den Schriften Rumohrs, der ein Faible für Bries und Trüffeln hatte, inspirierte Witzigmann, beide Produkte zu kombinieren – bereichert um Lauch und Leber, umhüllt von Strudelteig: voilà, das Kalbsbries Rumohr. Die Hommage an den Gastrosophen („Der Geist der Kochkunst") und Begründer der deutschen Kunstwissenschaft ist eine geschmacksintensive, harmonische Kombination.

Kalbsbries „Rumohr"
Seite 82/83

Eines morgens konnte der joggende Eckart Witzigmann nicht mehr länger an jener Stelle des Englischen Gartens vorbeilaufen, die immer so nach Knoblauch duftete. Er bückte sich und fand tatsächlich Knofel, sogar der feinsten Art: in Form von Bärlauch. Fortan gab's dessen grüne Blätter zu Kitz und Kaninchen, zu Salaten und sogar zum Seeteufel. Pflückfrisch vom Frühsport.

Gebratenes Kaninchen mit Bärlauchcreme
Geschmortes Zicklein mit Schalotten und Bärlauchbutter
Seite 84/85

Seine Erfindung „Das Beste vom...." zu servieren, hätte sich Witzigmann urheberrechtlich schützen lassen sollen. Er bezöge von Kollegen reichlich Honorar. Die Idee kam ihm, als sein Mitarbeiter Jörg Wörther einmal Hirschleber von der Jagd mitbrachte. Warum sollte die heimatliche Tradition, gern Beuschel und andere Innereien zu essen, nicht in die große Küche übertragbar sein? Anfang der achtziger Jahre integrierte er erstmals alle angenehmen Innereien eines Tieres und setzte das „Beste vom Kaninchen" auf die handgeschriebene Karte.

Beuschel vom Kaninchen mit Palffyknödel
und Wachtelei
Geschnetzelte Innereien von der Gams
Seite 86/87

Das Edelste vom Schwein werfen die Metzger meist achtlos weg: das Fettnetz aus dem Bauch. In der großen Küche hatte es stets seinen Platz, auch bevor viele Köche begannen, all und jedes à la Christo zu verpacken. Das Schweinenetz eignet sich hervorragend, um Fleisch (und manchen Fisch) unter voller Wahrung des Eigengeschmacks zu garen: Es ist neutral, wird beim Braten kroß oder schmilzt weitgehend dahin.

Lamm-Crépinettes auf geschmortem Wirsing
Gefüllte Taubenbrust im Schweinenetz mit Kartoffel-Crêpe
Seite 88/89

Wie kommt man auf Rübenkraut mit Ente? Ganz einfach: über die Oma – und die eigene Kreativität. Hans Haas, lange Souschef in der „Aubergine", erinnerte sich auf der Suche nach veredelbaren ländlichen Gerichten dieses Arme-Leute-Gemüses von weißen Rüben. Es hatte ihm daheim bei Großmuttern immer so gut geschmeckt. Dort gab's dazu Knödel, die konnte er den Gästen hier nicht antun. Haas und Witzigmann fanden Gepökeltes passend. Sie entschieden sich für Ente – und jeder, der sie probiert, wird die numerierten Enten im Pariser „Tour d'Argent" glatt vergessen.

Gepökelte Entenbrust auf Rübenkraut
Seite 90/91

Sintemalen traute man sich auch an der festlichen Tafel noch, allerlei in die Hand zu nehmen, auch ein mit Auberginen gefülltes Lammkotelett. Heute ist jedes Fleisch penibel vom Knochen, jeder Fisch behutsam von der Gräte getrennt – vielleicht auch wegen des Mangels an „manches". Diese kunstvollen Griffe gab es früher in allen Größen, passend von der Wachtel- bis zur Kalbskeule. Wer die „manche" noch im Besteckkasten hat, macht seinen Gästen mit diesem nostalgischen Service eine vollmundige Gaumenfreude.

Lammrücken mit Auberginenfüllung im Zucchinimantel
Seite 92/93

In der chinesischen Küche hat das Spanferkel einen hohen Stellenwert. Wohlgelitten kann es auch hierzulande sein, wenn man richtig mit ihm umgeht. Das fängt beim Einkauf an: Da es nach deutschen Vorschriften mindestens zwölf Kilo wiegen muß, aber nur ein halb so schweres Spanferkel beste Qualität bietet, muß es aus Frankreich kommen. Besonders köstlich schmeckt's, wenn man nicht das übliche ausgelöste Carré serviert, sondern das Bauchfleisch dranläßt, am Stück brät und so schneidet, wie Witzigmann das tut.

Spanferkelrücken auf jungem Kohl mit Saubohnen
Seite 94/95

*A*ls
Brei ist die Kartoffel in der großen Küche durchaus gern gesehen, gebraten haftet ihr noch immer etwas Ordinäres an. Nicht jedoch, wenn dünne Chips in simpler Eisenpfanne knusprig gebraten und mit Lauch gefüllt werden. Als herzhafte Beilage müssen sie sich nicht hinter den gefüllten Artischocken verstecken.

Kalbsfilet mit gefüllten Artischocken und
Kartoffel-Lauch-Chips
Seite 96/97

K
önig

Riesling in der Sauce, im Glas und im Schmortopf. Kopf und Brustspitzen vom Kalb sind in Wein gegart. Da schmort der Gast gern bis zum Hauptgang, wenn ihm Kalbskopf in elegantester Form, Sauce mit natürlicher Bindung und durchgegartes Fleisch par excellence serviert werden.

Kalbsbrustspitzen und Kalbskopf in Riesling mit Palffyknödeln
Seite 98/99

Das mit „Feinem vom Kalb" gefüllte Kotelett ist ein Paradebeispiel dafür, wie ein simples Produkt geadelt werden kann. Freilich nur, wenn das Tier nicht aus der vermaledeiten Massenzucht stammt, sondern vom ehrbaren Landmann. Die „Aubergine" bezieht ihre Milchkälber von einem bayerischen Bauern, den ein anspruchsvoller Stammgast dem Küchenchef empfahl.

Kalbskotelett mit „Feinem vom Kalb" und Lauch
Seite 100/101

Moderne Variationen der klassisch-guten Desserts aus der k.u.k.-Zeit: Der Österreicher Witzigmann hat der heimischen Patisserie von München aus so viele neue Impulse gegeben, daß sie heute mit Glanz und Gloria weltweit das Leben versüßt. Zu den Highlights der „Aubergine" gehören der feine Mohr im Hemd ebenso wie der Topfenknödel mit Kirschen. Kein Wunder, daß man die im großen Menü offerierten zwei Desserts mit Vergnügen nimmt.

Topfenknödel mit Herzkirschen
Wiener Flora-Krapfen mit Himbeeren
Schoko-Omelette mit Orangen
Seite 102/103

Mohn gehört zu jenen Grundprodukten der alten Wiener Küche, mit denen heute noch gern gearbeitet wird, weil sie so gut sind. Denn bei aller Freude am verspielten Ornament und aller Flower-Power im Dekor reifen die Blütenträume des Patissiers nur, wenn er nicht bloß Augenweiden anrichten, sondern auch mit geschmacklichen Aha-Erlebnissen brillieren kann.

Backpflaumen in Cassis mit Mohnmousse
Beerensülze
Seite 104/105

Gebeten, ein weihnachtliches Dessert mit Lebkuchen zu servieren, kam Witzigmann auf die Idee, das typisch bayerische Gebäck mit dunklem Bier zu kombinieren. Er verband scheinbar Unvereinbares zu einer seiner bekanntesten Kreationen: Lebkuchen-Soufflé mit Dunkelbier-Sabayon – oft kopiert und noch nicht erreicht.

Grieß-Soufflé mit Aprikosen
Lebkuchen-Soufflé mit Altbier-Sabayon und Preiselbeeren
Seite 106/107

Auch in der Küche voller Pikanterie: der Seitensprung. Ein Japaner in der „Aubergine"-Brigade inspirierte die Patisserie zu dem exotischen Sidestep, Tee zu verarbeiten. Das Ergebnis kann sich sehen lassen, denn schöner als in Tassen gegossen sieht das asiatische Nationalgetränk in Mousse-Form auf dem Teller allemal aus.

Gefüllte Orangenhippen mit Erdbeeren und Minzsauce
Schokoladenblätterteig mit Tee-Mousse und Nougateis
Seite 108/109

Der Pfirsich ist so etwas wie der Paradiesapfel der Patissiers. Unter den zwanzig bis dreißig Variationen, in denen er als Dessert angeboten wird, brachten es die Hommage an Fräulein Melba und die Kreation von Paul Haeberlin zu weltweitem Ruhm. Witzigmann kontrastierte die Süße der Frucht mit dem Bitterton des Campari so delikat, als sei das Getränk nicht für den Aperitif, sondern zum Dessert erfunden worden.

Weißer Pfirsich mit Campari-Schaum
Seite 110/111

Küchen-Konzert

Kochen ist Teamwork. Die kleine Brigade eines Restaurants gleicht einem großen Orchester. Es gibt Solisten, die den Paukenschlag intonieren, Geigenklänge dahinschmelzen lassen oder der Harfe ein betörendes Intermezzo entlocken. Ihr ganzes Können aber bringt erst der Dirigent zum schönsten Wohlklang. Das Orchester wäre nichts ohne den Maestro, aber der auch nichts ohne seine Musiker. Taktstock-Genies wie Karajan oder Bernstein haben das ebenso verinnerlicht wie Ausnahmeköche. Der kleine Unterschied: Dirigenten geben dem ersten Geiger demonstrativ (und stellvertretend für alle Mitwirkenden) die Hand vor dem Publikum. Die reicht Eckart Witzigmann jetzt in diesem Buch 38 Mitarbeitern stellvertretend für all jene, die er an seinem Herd in die Meisterklasse der Kochkunst dirigiert hat. Jeder der 38 bereitete – zusammen mit dem „Chef", wie ihn alle noch nennen, und unter dessen ideeller Anleitung – ein Gericht, das die Küche der „Aubergine" in ihrer Kreativität und Vielfalt repräsentiert. Jede Zubereitung manifestiert, welche nachhaltigen Impulse der Nachwuchs mitnimmt, wenn er Witzigmann verläßt, um sein Glück am eigenen Herd zu machen.

Meister-Schüler
Wie viele der „Jungs", die im Lauf der Jahre bei Eckart Witzigmann am Herd standen, brachte vor allem Karl Ederer kulinarische Ideen mit in die „Aubergine". In Zusammenarbeit mit dem Chef wurden seine Anregungen perfektioniert.

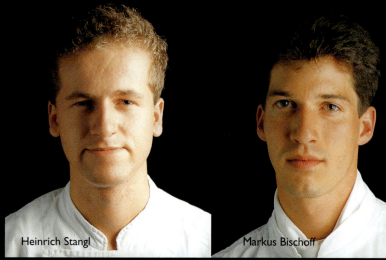

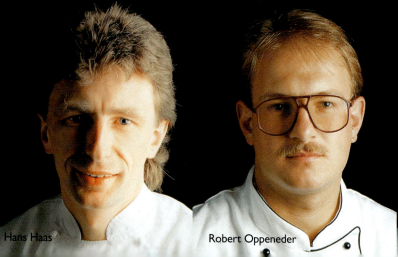

Hannes Steiner
Makkaroni-Soufflé
auf Safransauce
Seite 116

Jörg Sackmann
Artischockenparfait
mit Hummer
Seite 117

Klaus Heidel
Paprika-Essenz
mit Kartoffelroulade
Seite 118

Johann Lafer
Lachs mit
Limettensauce
Seite 119

Arthur Thomaseth
Kalbskopf mit Bries
und Hirn auf Salat
Seite 120

Konrad Hofer
Hummer-Lasagne
mit schwarzen Trüffeln
Seite 121

Wolfgang Pade
Lotte auf Kartoffeln
mit Zwiebeln
Seite 122

Viktor Stampfer
Lachstimbale mit
Krebsen
Seite 123

Bobby Bräuer
Gebratener Loup
auf Fenchel
Seite 124

Akira Kotaki
Hummer exotisch
Seite 125

Michael Fell
Zweierlei Kalbsnieren
auf Artischocken
mit Schalottensauce
Seite 126

Frank Cramme
Gepökelte Lammzunge
mit Kartoffelrouladen
Seite 127

Franz Labmeyer
Gefüllte Poulardenbrust
auf Kartoffel-Lauch-Gratin
Seite 128

Bernard Thierry
Überbackenes
Stubenküken
auf zwei Saucen
Seite 129

Steffen Tobschall
Lammsattel im Pfeffersud mit
Frühlingsgemüsen
Seite 130

Harald Schmitt
Kaninchenschnecke
mit Morcheln und
Karotten
Seite 131

Christian Petz
Gefüllter Kaninchenrücken
mit Shitake-Pilzen
Seite 132

Thomas Sinn
Hummer auf
weißen Bohnen
Seite 133

Alois Köpf
Lachsschnitte
auf Fenchelfondue
mit Zucchini-Pistou
Seite 134

Roy Wallace
Avocado-Mango-
Carpaccio
mit Langustinen
Seite 135

David Julita
Rotwein-Risotto
mit Rotbarben
und grünem Spargel
Seite 136

Hans Haas
Gefüllter Ochsenschwanz
Seite 137

*Vinzenz Gruber
Rehrücken
im Blätterteig
Seite 138*

Alfons Schuhbeck
G'röstl von
Krebsen und Kartoffeln
Seite 139

Heinrich Stangl
Gespicktes Kalbsbries
mit grünem Spargel
Seite 140

Hermann Zimmerer
Pochiertes
Kalbsfilet mit Pesto
Seite 141

Philipp Schlienger
Eintopf von der Taube
Seite 142

Cosimo Ruggierio
Ravioli mit
Entenfüllung und
Steinpilzen
Seite 143

Karl Ederer
Kalbsniere
mit Kalbshirn gefüllt
Seite 144

Urs Weidmann
Quarksoufflé mit
Limettensauce
Seite 145

Rudolf Staudinger
Soufflierter Crêpe
mit Kirschen
Seite 146

Hans-Josef Decker
Mango-Charlotte
mit Heidelbeersauce
Seite 147

Marion Schweigart
Geeiste Apfelsuppe
mit Frittaten
Seite 148

Markus Bischoff
Portweinfeigen
in Schokoladenschaum
Seite 149

Robert Oppeneder
Honig-Mousse mit
Walderdbeeren
aus dem Schokoladenkörbchen
Seite 150

Felix Schmid
Gebackene
Erdäpfelnudeln mit
Vanillesauce
Seite 151

Jörg Wörther
Glacierter Nußschmarren
Seite 152

*Markus Heering
Feigenküchlein
auf Cassis-Spiegel
Seite 153*

Die Rezepte

Jede Anzahl von Gerichten kann immer nur die verlängerte Momentaufnahme aus einem Restaurant sein. Ihre Rezepte sind der individuellen Interpretation und der handwerklichen Befähigung ausgesetzt. Aber ein Buch über einen Koch ist ohne Rezepte kein Kochbuch. Auch wenn es in noch so schöner Anmutung spontan Lust zum Essen (und nicht zum Kochen) macht. Das Nachvollziehen der Rezepte wird zum einen durch unerreichbare Produktqualität, nicht verfügbare Profi-Utensilien oder Trainingsrückstand am Herd erschwert. Zum anderen tut sich schwer, wer sklavisch an den Vorgaben festhält, statt sie mit Fingerspitzengefühl zu handhaben. In diesem Sinne: Viel kulinarisches Vergnügen mit den Rezepten Eckart Witzigmanns und seiner begabten Schüler.

Auberginen à la „Aubergine"

Auberginen-Mozzarella-Taler

Auberginenscheiben, Tomatenwürfel und Mozzarellascheiben übereinanderschichten, in geriebenes, mit Thymian gewürztes Weißbrot hüllen und in nicht zu heißem Olivenöl ausbacken.

Chips von weißen Auberginen mit Gambas und Curry-Vinaigrette

Dünne weiße Auberginenscheiben mehlieren und schwimmend in neutralem Speiseöl kroß ausbacken. Die Gambas zur Hälfte aufschneiden, mit Tiroler Speck umwickeln, in Öl kurz an- und in Butter nachbraten. Die Vinaigrette aus Olivenöl, Limonensaft, den Curry-Grundgewürzen, gehackten Korianderblättern sowie gelben und roten Paprikawürfeln zubereiten.

Roh marinierte Aubergine mit Gänsestopfleber

Auberginenfleisch in einer Mischung aus Limonensaft, Salz und rosa Pfeffer marinieren. Mit Gänseleberparfait schichten.

Paupiette vom Bresse-Huhn mit Auberginen und Zucchini

Die Brust der Bresse-Poularde mit einer der Länge nach geschnittenen Zucchinischeibe und roh marinierter Gänseleber füllen, in ein Schweinenetz einschlagen und braten. In feine Tranchen aufschneiden und auf in Butter gebratenen Auberginenscheiben anrichten.

Jakobsmuscheln und Auberginen im Ravioliteig

Nudelteig schichtweise mit Jakobsmuschelfleisch, Auberginen- und Zucchinischeiben sowie geschnittenen Basilikumblättern füllen, Ravioli formen und in Salzwasser garen. Mit Champagnersauce anrichten.

Beluga- und Auberginen-Kaviar mit Sauerrahm

Auberginenfleisch fein hacken und eine halbe Stunde in einer Mischung aus Traubenkernöl, Limonensaft, Salz und Pfeffer marinieren. Gut ausdrücken und kleine Nocken formen. Den Beluga-Kaviar darübergeben und mit Sauerrahm anrichten.

Rotbarbe mit Auberginenschuppen

Die Aubergine in Scheiben schneiden und Schuppen-ähnliche Kreise ausstechen. Die Hautseite einer filierten Rotbarbe dünn mit Hechtfarce bestreichen, mit den „Schuppen" belegen und in Öl langsam kroß braten (nur auf der „Schuppen"-Seite).

Galette von wildem Reis mit Kaviar
Vier Portionen

4 EL Beluga-Kaviar
1/2 Schalotte, fein gehackt
1/2 TL Butter
60 g wilder Reis
1 Eigelb, 2 EL Sahne
Butter zum Braten
6 EL Crème fraîche
Salz, Pfeffer, Zitrone
Schnittlauch, fein geschnitten

Die gehackte Schalotte in Butter andünsten und den wilden Reis dazugeben. Kurz anziehen lassen, mit ungefähr der doppelten Menge Wasser auffüllen und im 200 Grad heißen Ofen gar dünsten. Unter den noch heißen Reis das mit Sahne verquirlte Eigelb heben, damit eine kompakte Masse entsteht. Die noch warme Reismasse in Metallringe auf eine gebutterte Platte pressen und kalt stellen.
Die Crème fraîche mit Salz, Pfeffer, Zitrone und Schnittlauch abschmecken.
Die abgekühlten Reis-„Kuchen" in wenig Butter leicht knusprig rösten und mit der Crème fraîche anrichten. Den Kaviar darauf verteilen und mit Schnittlauch garnieren.

Räucherlachsmousse auf Kaviargelee
Vier Portionen

3 dl klare kräftige Fisch-Consommé
3–4 Blatt Gelatine
Dill, gehackt
6 TL Kaviar
Crème fraîche und Brunnenkresse für die Garnitur

Für die Mousse:
2 Blatt Gelatine
8 cl Fisch-Consommé
160 g Räucherlachs
80 g Crème double
Salz, Pfeffer
Zitrone, Koriander
4 dünne Scheiben frischer Lachs

Aus der Fisch-Consommé und der eingeweichten, gut ausgedrückten Gelatine ein Gelee zubereiten, den gehackten Dill und zwei Teelöffel Kaviar unterheben. Auf vier Teller einen Geleespiegel gießen und kalt stellen.
Für die Mousse die eingeweichte, gut ausgedrückte Gelatine auflösen. Den Räucherlachs mit der Consommé und der Crème double in der Küchenmaschine fein kuttern. Durch ein Sieb passieren, mit Salz, Pfeffer und ein paar Tropfen Zitronensaft abschmecken. Die Lachsscheiben mit Zitrone und etwas Koriander würzen, in vier halbkugelförmige Metallgefäße legen und die Räucherlachsmousse darüber verteilen. Gut durchkühlen, auf das Kaviargelee stürzen, mit Crème fraîche, dem restlichen Kaviar und etwas Brunnenkresse garnieren.

Räucherlachsgelee mit Spargelmousse
Acht Portionen

500 g Räucherlachs, in 12 Scheiben (10 cm lang, 7 cm breit)

Für das Gelee:
2 Karotten
2 Staudensellerie
1 Lauch (nur das Weiße)
Einige Petersilienstiele
1 Lorbeerblatt, 1/2 TL Meersalz
3 Eiweiß
500 g Fischabschnitte von Kochfischen, ohne Haut und Gräten
1 l kalter Fischfond
5 Pfefferkörner
12 Blatt Gelatine

Für die Füllung:
500 g grüner Spargel
Salz, Pfeffer
1 EL Butter
1/2 l Crème double
4 Blatt Gelatine
1,5 dl geschlagene Sahne
Dill

Für die Garnitur:
32 grüne Spargelköpfe
Butter, Zitrone
Dillspitzen

Die Gemüse in feine Würfel schneiden und mit den gewaschenen Petersilienstielen in einen großen Topf geben. Lorbeer, Meersalz, Eiweiß und die gehackten Fischabschnitte zufügen und gut durchrühren. Den eiskalten Fischfond angießen und kräftig verschlagen. Bei kleiner Hitze unter ständigem Rühren kurz aufkochen, die Pfefferkörner dazugeben und zehn Minuten ziehen lassen. Durch ein Passiertuch gießen und die kalt eingeweichte, gut ausgedrückte Gelatine in den noch heißen Sud einrühren. In Eiswasser stellen und kühlen, bis die Flüssigkeit gerade zu gelieren anfängt.
Eine gekühlte Terrinenform mit dem Gelee ausgießen und so lange kalt stellen, bis sich am Boden und an den Wänden der Form ein dünner Geleefilm gebildet hat, das restliche Gelee wieder abgießen.
Für die Füllung den Spargel schälen, die Köpfe vier Zentimeter lang abschneiden, in Salzwasser blanchieren, kalt abschrecken und gut abtropfen lassen. Die Spargelstiele in Stücke schneiden, in Butter andünsten, mit der Crème double auffüllen und dickflüssig einkochen. Im Mixer pürieren, durch ein Haarsieb passieren und die kalt eingeweichte, gut ausgedrückte Gelatine

einrühren. Kühl stellen und sobald die Masse fest zu werden beginnt, die geschlagene Sahne unterheben.
Die Räucherlachsscheiben ausbreiten, mit der Spargelmousse bestreichen, mit den Spargelspitzen belegen und zusammenrollen.
Die „chemisierte" Terrinenform mit gezupftem Dill auslegen und sechs Lachsrollen darauf anordnen. Mit dem kalten, leicht flüssigen Gelee begießen, fest werden lassen und auf die Geleeschicht die restlichen Röllchen legen. Mit Gelee aufgießen und die Terrine im Kühlschrank zugedeckt gut durchkühlen.
Die Spargelköpfe für die Garnitur in Salz-Zuckerwasser blanchieren, abschrecken und in etwas Butter mit Zitronensaft schwenken.
Die Terrine kurz in heißes Wasser tauchen, stürzen und aufschneiden. Die Scheiben mit Spargelköpfen und Dillspitzen anrichten.

Kalbsbries mit grünem Spargel und Morcheln
Vier Portionen

250 g Kalbsbries
Butter zum Braten
16—20 grüne Spargel
Zucker, Salz, Butter
1/2 EL Kerbel, fein geschnitten
300 g Morcheln
Butter, Madeira, Salz
6 cl Kalbsjus
Kerbel für die Garnitur

Für die Sauce:
15 cl heller Geflügelfond
2 weiße Champignons
1 Schalotte, gehackt
1/8 l Crème double
Salz, Pfeffer aus der Mühle
Cayenne, Limonensaft
1 EL geschlagene Sahne

Das Kalbsbries ungefähr sechs Stunden unter fließendem Wasser wässern, bis es vollkommen weiß ist. Zwischen zwei Teller legen, mit einem Gewicht beschweren und zwei Stunden pressen. Sauber parieren, Haut und Sehnen sorgfältig entfernen. Das Bries in mundgerechte Stücke zupfen und vor dem Anrichten in Butter goldgelb braten. Mit Salz und Pfeffer würzen.
Den Spargel von der Mitte ab schälen, in Wasser mit Zucker, Salz und Butter kochen. Kalt abschrecken und gut abtropfen lassen. In Butter schwenken und dabei den Kerbel zugeben.
Die Morcheln gründlich waschen, in Butter andünsten, mit Madeira ablöschen und leicht salzen.
Für die Sauce den Geflügelfond mit den fein geschnittenen Champignons und der Schalotte um zwei Drittel einkochen. Mit der Crème double auffüllen, aufkochen und passieren. Mit Salz, Pfeffer, einer Prise Cayenne und Limonensaft abschmecken, zum Schluß die geschlagene Sahne unterziehen.
Die Sauce auf flache Teller verteilen, darauf das Kalbsbries, die Spargelspitzen und die Morcheln anrichten. Die Briesstücke mit dem Kalbsjus leicht nappieren und mit gezupftem Kerbel garnieren.

Taubenbrust auf Artischocken-Pilzsalat
Vier Portionen

2 Tauben
Salz, Pfeffer
1 EL Olivenöl
40 g Gänsestopfleber, in Ein-Zentimeter-Würfel geschnitten
Kerbel für die Garnitur

Für den Salat:
2 große Artischocken
1 Zitrone
2 EL Olivenöl
200 g kleine, feste Steinpilze
100 g Pfifferlinge
2 EL geklärte Butter
1 Schalotte, gewürfelt
Salz, Pfeffer
40 g Feldsalat, geputzt

Für die Salatsauce:
1 1/2 TL Sherry-Essig
1 TL Balsamico-Essig
3 EL Olivenöl, 3 EL Walnußöl
Salz, Pfeffer, 1 EL Trüffeljus

Für das Taubengelee:
2 dl Taubenconsommé
1 dl Portwein
4 Blatt Gelatine

Die Tauben ausnehmen, Leber und Herzen putzen und in Scheiben schneiden. Die Taubenbrüste mit den Knochen auslösen, aus den Taubenkarkassen die Consommé für das Gelee kochen und klären.
Vor dem Anrichten die Taubenbrüste würzen, in heißem Olivenöl anbraten und im auf 220 Grad vorgeheizten Ofen in 12 bis 15 Minuten rosa braten. Vor dem Aufschneiden zehn Minuten warm gestellt ruhenlassen.
Die Gänsestopfleberwürfel in einer beschichteten Pfanne braun und knusprig braten; in der gleichen Pfanne die Taubeninnereien braten.
Für das Gelee die Consommé mit dem Portwein aufkochen und die kalt eingeweichte, gut ausgedrückte Gelatine hineinrühren. In kleine Formen füllen, kalt werden lassen und in gleichmäßige Würfel schneiden.
Die Zutaten für die Salatsauce verrühren und abschmecken.
Für den Salat die Artischockenböden auslösen, sofort mit Zitronensaft einreiben und mit der Aufschnittmaschine in dünne Scheiben schneiden. In Olivenöl von beiden Seiten kurz anziehen lassen und mit etwas Salatsauce marinieren.
Die Pilze putzen, die Steinpilze in Scheiben schneiden. Die geklärte Butter mit den Schalotten in zwei Sauteusen erhitzen, in der einen die Pfifferlinge, in der anderen die Steinpilze schwenken und würzen.
Die Artischockenscheiben auf große Teller verteilen und mit den noch warmen Pilzen garnieren. Die Taubenbrustscheiben mit den Innereien und den Leberwürfeln darauf anrichten und mit der Salatsauce beträufeln. Mit dem Feldsalat, dem Tauben-Portweingelee und gezupftem Kerbel dekorieren.

Taschenkrebssalat mit Erbsenschoten
Vier Portionen

2 Taschenkrebse, gewaschen
280 g Erbsenschoten
1 kleiner Eichblattsalat
1 kleiner Friséesalat
Dillspitzen für die Garnitur

Für die Court-Bouillon:
3 Schalotten
1 Karotte
1 Staudensellerie
1 kleiner Lauch
Einige Petersilienstiele
1 EL Butter
1/4 l Weißwein
3 Liter Wasser
2 Thymianzweige
Etwas Fenchelkraut
4 weiße Pfefferkörner

Für die Vinaigrette:
4 EL Olivenöl
4 EL Mazolaöl
Saft einer halben Zitrone
Koriander aus der Mühle
Salz, Pfeffer
1 Prise Zucker

Für die Mayonnaise:
2 Eigelb, 1/4 l Olivenöl
Salz, Pfeffer, Cayenne
Estragon-Essig
Zitronensaft
Corail der Taschenkrebse

Für die Court-Bouillon die Gemüse grob schneiden, in Butter andünsten, mit dem Weißwein ablöschen und einkochen. Mit Wasser auffüllen, die Kräuter dazugeben und dreißig Minuten köcheln lassen; zehn Minuten vor Ende der Kochzeit die Pfefferkörner zugeben.
Die Taschenkrebse in die kochendheiße Brühe geben, zehn Minuten köcheln und fünf Minuten ziehen lassen. Herausnehmen und die noch warmen Krebse ausbrechen.
Die Erbsenschoten in Salz-Zuckerwasser blanchieren; die Salate waschen und zurechtzupfen. Die Zutaten für die Vinaigrette verrühren und abschmecken.

Für die Mayonnaise Eigelb und Olivenöl dickflüssig verrühren, mit Salz, Pfeffer, Essig und Zitrone abschmecken. Das feingehackte Corail unterrühren.

Die Salate mit den Erbsenschoten auf Teller verteilen und mit der Vinaigrette überziehen, das Krebsfleisch auf dem Salat anrichten und die Mayonnaise rundum tröpfchenweise verteilen. Mit Dillspitzen garnieren.

Chartreuse von der Taube
Vier Portionen

2 Tauben
Salz, Pfeffer
1–2 EL Olivenöl
Butter für die Formen

Für die Farce:
Keulenfleisch der Tauben
Taubenlebern
Salz, Pfeffer
1/2 TL Thymianblättchen, gezupft
3–4 EL Sahne

Für die Gemüse:
750 g Karotten
750 g Schwarzwurzeln
2 dl Milch
Saft einer halben Zitrone
8–10 schöne Wirsingblätter
150 g kleine, feste Steinpilze
1 EL Olivenöl
1 EL Butter

Für die Sauce:
Taubenkarkassen und -abschnitte
2 EL Olivenöl
Röstgemüse, gewürfelt (je 50 g Karotten, Schalotten, Lauch, Staudensellerie)
1/2 l Geflügelfond, entfettet
1 Bouquet garni (Petersilienwurzel, Knoblauchzehe, 1/2 Lorbeerblatt, 1 Thymianzweig, 1 Nelke)
8 Pfefferkörner
40 g Butter, in kleinen Stücken

Für die Garnitur:
2 kleine schwarze Trüffeln
1 EL Butter

Die Tauben ausnehmen, die Lebern putzen, Keulen und Flügel abtrennen. Die Brüste mit den Brustknochen auslösen, die Karkassen säubern. Die Haut von den Keulen abziehen, das Keulenfleisch ablösen und grob würfeln.

Die Taubenbrüste würzen, in Olivenöl anbraten und im 220 Grad heißen Ofen kurz garen; die Brüste sollen innen fast blutig bleiben. Nach dem Braten zehn Minuten ruhenlassen, von den Knochen lösen und die Haut abziehen.

Für die Farce das Keulenfleisch und die Lebern mit der Sahne für zehn Minuten in den Tiefkühler stellen. Fleisch und Lebern in den Küchenkutter geben, salzen und fein pürieren. Durch ein Sieb streichen, mit Pfeffer und Thymian würzen. In eine Schüssel geben, auf Eiswasser stellen und die eiskalte Sahne gut einarbeiten. Abschmecken.

Die geputzten Karotten in Stäbchen schneiden (1 cm hoch und breit, 3 cm lang); die Schwarzwurzeln in gleiche Form schneiden und sofort in Zitronenmilch legen (damit sie sich nicht verfärben). Karotten, Schwarzwurzeln und die geputzten Wirsingblätter in ausreichend Salzwasser getrennt knackig garen, abschrecken und gut abtropfen lassen. Aus den Wirsingblättern die Blattrispen herausschneiden. Die Steinpilze putzen und in Scheiben schneiden. Wirsing und Pilze in einer Olivenöl-Buttermischung kurz andünsten.

Vier Formen (5 cm hoch, 10 cm Durchmesser) mit flüssiger Butter ausschwenken und die Gemüsestäbchen um den Rand anordnen. Auf den Boden der Formen vier Wirsingblätter und die Hälfte der Steinpilzscheiben legen. Die Hälfte der Taubenfarce einfüllen und mit je einer Taubenbrust belegen. Mit der restlichen Farce, den Steinpilzen und den Wirsingblättern abdecken. Für 25 bis 30 Minuten in den 220 Grad heißen Ofen stellen, fünf Minuten auf der geöffneten Ofentür ruhenlassen und noch einmal für fünf Minuten in den Ofen schieben.

Für die Sauce die grob gehackten Taubenkarkassen und -abschnitte in Olivenöl anrösten, das Röstgemüse dazugeben, leicht anziehen lassen und mit dem Geflügelfond auffüllen. Das Bouquet garni hineingeben, aufkochen, abschäumen und eine halbe Stunde leise köcheln lassen. In den letzten zehn Minuten die Pfefferkörner dazugeben. Durch ein Tuch passieren, abkühlen und entfetten. Wieder aufkochen und auf zwei Deziliter einkochen. Mit den Butterstückchen montieren und abschmecken.

Die Trüffeln in dünne Scheiben schneiden und in heißer Butter schwenken.

Die Chartreuse auf vorgewärmten Tellern anrichten, mit Trüffelscheiben garnieren und mit der Sauce umgießen.

Terrine von Gänseleber und Morcheln
Fünfzehn Portionen

800 g Gänsestopfleber
2 cl weißer Portwein
Salz, Pfeffer, Muskat
300 g gleich große Morcheln
1 Schalotte, gewürfelt
1 EL Butter
2 cl Madeira
2 cl roter Portwein
3 schwarze Trüffeln, ca. 35 g pro Stück
1 EL Butter

Für das Gelee:
7 dl Consommé, geklärt
1 dl weißer Portwein
9 Blatt Gelatine

Für die Garnitur:
Trüffelwürfel, Morcheln
Vinaigrette

Die Gänsestopfleber enthäuten und sorgfältig parieren, entsprechend der Terrinenform in gleichmäßige Scheiben schneiden. Mit Portwein, Salz, Pfeffer und Muskat etwa sechs Stunden marinieren. Die Leberabschnitte durch ein feines Sieb streichen und das Püree abschmecken.

Die Morcheln unter fließendem Wasser vorsichtig waschen und in einer Salatschleuder sofort trocknen. Die Schalottenwürfel in aufschäumender Butter in einer breiten Pfanne andünsten. Die Morcheln nebeneinander hineinlegen, kurz anziehen, mit Madeira und Portwein ablöschen. Unter Schwenken die Flüssigkeit vollkommen einkochen. Die Morcheln aus der Pfanne nehmen und mit einer glatten Spritztülle das Leberpüree in die Pilze füllen.

Die Trüffeln unter fließendem kaltem Wasser bürsten, in Scheiben schneiden und in geschmolzener Butter bei schwacher Hitze kurz schwenken.

Für das Gelee die Consommé mit dem Portwein aufkochen, die kalt eingeweichte, gut ausgedrückte Gelatine hineinrühren und im Wasserbad abkühlen.

Wenn das Gelee zu stocken beginnt, in eine Terrine (ca. 2 Liter) gießen, Boden und Ränder der Form mit einer 0,5 Zentimeter dicken Geleeschicht überziehen.

Die gefüllten Morcheln dicht nebeneinander in die Terrine legen, knapp mit Gelee bedecken und fest werden lassen. Abwechselnd Trüffel-, Gänseleber- und wieder Trüffelscheiben einlegen. Jede Schicht mit Gelee bedecken und das Gelee fest werden lassen, bevor die nächsten Scheiben folgen. Die Terrine mit den restlichen Morcheln abdecken, mit Gelee verschließen und zugedeckt im Kühlschrank gut durchkühlen.

Kurz vor dem Servieren aufschneiden und die Scheiben mit Trüffelwürfeln, Morcheln und etwas Vinaigrette anrichten.

Parfait von Kalbsbries und Hummer
Fünfzehn bis zwanzig Portionen

2 Hummer, ca. 450 g pro Stück
3 große Mangoldblätter
Kaviar, Kerbel, Salz

Für das Hummermus:
Hummerkarkassen
2 EL Olivenöl, 1 EL Butter
Röstgemüse (je 20 g Schalotten, Lauch,

Karotten; gewürfelt; einige Petersilienstiele, 1/2 Knoblauchzehe)
1 EL Tomatenmark
1 cl Cognac, 2 dl Weißwein
2 dl Noilly Prat, 1/8 l Fischfond
1/8 l Crème double
3 Blatt Gelatine
Salz, Pfeffer
2 dl geschlagene Sahne

Für das Briesmus:
500 g Kalbsbries, gewässert und pariert
1/4 l Kalbsfond, 1 dl Weißwein
1 dl Crème double
6 Blatt Gelatine
Salz, Pfeffer, Zitrone
1 cl Sherry, 1 cl Cognac
1/4 l geschlagene Sahne
1 mittelgroße Karotte
1 kleine Fenchelknolle

Für das Madeira-Gelee:
1,5 dl Consommé, geklärt
1 dl Madeira, 3 Blatt Gelatine

Die Hummer in sprudelnd kochendes Salzwasser geben, einige Minuten köcheln und ziehen lassen. Ausbrechen, das Fleisch der Scheren für die Garnitur reservieren und kühl stellen. Für das Hummermus die Hummerkarkassen säubern, waschen und trocknen. In Öl und Butter kurz anziehen, das Röstgemüse und das Tomatenmark zugeben und leicht andünsten. Mit Cognac flambieren, mit Weißwein und Noilly Prat ablöschen. Mit dem Fischfond auffüllen, um die Hälfte einkochen und die Crème double angießen. Sämig reduzieren und durch ein Tuch passieren, dabei die Karkassen gut ausdrücken. In die noch warme Flüssigkeit die kalt eingeweichte, gut ausgedrückte Gelatine rühren, abschmecken und in ein kaltes Wasserbad stellen. Wenn das Mus fest zu werden beginnt, die geschlagene Sahne vorsichtig unterheben.
Die Mangoldblätter in Salzwasser blanchieren, eiskalt abschrecken und abtropfen lassen. Auf ein Tuch legen, trockentupfen und die Blattrispen herausschneiden. Die Hälfte vom Hummermus auf die Blätter streichen, mit Hummerfleischstückchen belegen und mit dem restlichen Mus bedecken. Einrollen und kühl stellen.
Für das Briesmus das Bries in eine Sauteuse geben, Kalbsfond und Weißwein angießen, aufkochen und fünf Minuten ziehen lassen. Das Bries herausnehmen, eiskalt abschrecken und in Röschen teilen; dabei alle Sehnen und Knorpelteilchen entfernen. Gut abtrocknen. 300 Gramm Bries im Mixer pürieren, die restlichen Röschen für die Einlage reservieren.
Den Brieskochfond mit der Crème double um die Hälfte einkochen und mit dem pürierten Bries mischen. Die kalt eingeweichte, gut ausgedrückte Gelatine einrühren und in ein kaltes Wasserbad stellen. Wenn das Mus fest zu werden beginnt, mit Salz, Pfeffer, Zitrone, Sherry und Cognac abschmecken. Die geschlagene Sahne vorsichtig unterheben.
Karotte und Fenchel fein würfeln, in Salzwasser blanchieren, abschrecken und auf einem Tuch abtropfen lassen. Das Briesmus in zwei Teile teilen, die eine Hälfte mit den Gemüsewürfeln, die andere mit den Briesröschen mischen.
Für das Gelee die Consommé mit dem Madeira aufkochen, die kalt eingeweichte und gut ausgedrückte Gelatine einrühren und kaltstellen.
Eine gekühlte Terrinenform (ca. 2 Liter) mit dem gerade fest werdenden Gelee ausgießen; dabei die Form drehen, damit sich an Boden und Rändern ein gleichmäßiger Geleefilm bilden kann. Im Kühlschrank fest werden lassen; etwas Gelee zum Verschließen der Terrine zurückbehalten.
In die Terrinenform zuerst das Mus mit den Briesröschen einen Zentimeter hoch einfüllen, fest werden lassen und mit einer Schicht Gemüsewürfel-Bries bedecken. Darauf die Mangold-Hummerrollen plazieren und die Form mit zwei Briesschichten auffüllen. Glattstreichen und mit dem restlichen Gelee verschließen. Zugedeckt im Kühlschrank gut durchkühlen lassen. Vor dem Servieren in Scheiben schneiden, mit Kaviar, Kerbel und Hummerscherenfleisch anrichten.

Aalgelee
Fünfzehn Portionen

4 mittelgroße Aale, geräuchert
400 g mittelgroße Karotten
300 g Keniabohnen
Salz

Für das Gelee:
7 dl Fischfond, geklärt
1 dl weißer Burgunder
9 Blatt Gelatine

Für die Vinaigrette:
Saft von zwei Zitronen
8 EL Olivenöl
Salz, Pfeffer
Koriander
1 dl Fischfond

Für die Garnitur:
Radieschen, Schnittlauch
Frischer Meerrettich

Die Aale filieren, sorgfältig parieren und für die Terrine zurechtschneiden. Die Karotten und die Bohnen getrennt in Salzwasser blanchieren, eiskalt abschrecken und abtropfen lassen.
Für das Gelee den Fischfond mit dem Wein aufkochen, die kalt eingeweichte, gut ausgedrückte Gelatine hineinrühren und im Wasserbad abkühlen lassen.
Die gekühlte Terrinenform (ca. 2 Liter) mit dem fest werdenden Gelee ausgießen und so lange in Eiswasser stellen, bis Boden und Wände mit einem gleichmäßigen, einen halben Zentimeter dicken Geleefilm überzogen sind.
Die Karotten dicht an dicht in die Terrine legen, mit Gelee knapp bedecken und fest werden lassen. Nacheinander Aal, Bohnen und Karotten einschichten; dabei jede einzelne Schicht mit Gelee übergießen und jeweils fest werden lassen. Zugedeckt in den Kühlschrank stellen und gut durchkühlen. Die Zutaten für die Vinaigrette verrühren und abschmecken.
Die Terrine in Scheiben schneiden und mit etwas Vinaigrette nappieren. Mit Radieschenstreifen, Schnittlauch und frisch geriebenem Meerrettich garnieren.

Gefüllte Gemüse mit Petersilienbutter
Vier Portionen

Zucchini

8 kleine Zucchini
1/2 grüne Paprika
1/2 gelbe Paprika
1/2 rote Paprika
1 Schalotte, gehackt
1 EL Olivenöl
Tomaten-Concassé von einer Tomate
1 Thymianzweig
1 Knoblauchzehe, angedrückt
50 g Parmesan, frisch gerieben
Butter, Geflügelfond

Die Zucchini der Länge nach teilen und die Kerne entfernen.
Die Paprika schälen und in kleine Würfel schneiden. Die gehackte Schalotte in Olivenöl anziehen, die Paprikawürfel dazugeben und andünsten. Das Tomaten-Concassé, den Thymian und die Knoblauchzehe zugeben. Alles zusammen kurz dünsten und vom Herd nehmen. Den Thymianzweig und die Knoblauchzehe herausnehmen, die Masse gut abschmecken und in die halbierten Zucchini füllen. Mit Parmesan bestreuen, in eine gebutterte Form setzen und etwas Geflügelfond angießen. In den 200 Grad heißen Ofen stellen und zehn Minuten garen.

Artischockenböden

4 kleine Artischocken
1 Zitrone
50 g Weißbrot ohne Rinde
1 Eigelb, 80 g Sahne
1 Schalotte, fein geschnitten
1/2 TL Butter
4 Basilikumblätter, in feinen Streifen
75 g Kalbshackfleisch
1 EL Olivenöl
Salz, Pfeffer
Butter für die Form

Die Artischocken putzen, die äußeren Blätter entfernen; ein Drittel der Blüte mit dem Sägemesser abtrennen, das „Heu" mit einem Löffel herauskratzen. Die Artischockenböden in Form tournieren und in Zitronenwasser legen.

Für die Füllung das Weißbrot in Würfel schneiden; Sahne und Eigelb verquirlen und über die Brotwürfel gießen. Die Schalottenwürfel in etwas Butter glasig andünsten, mit den Basilikumstreifen und dem Hackfleisch zum Weißbrot geben. Die Mischung mit Olivenöl, Salz und Pfeffer abschmecken und in die gut abgetrockneten Artischockenböden füllen. Die Artischocken in eine gebutterte Form setzen und im 200 Grad heißen Ofen in rund 15 Minuten gar schmoren.

Frühlingszwiebeln

8 Frühlingszwiebeln
Salz
200 g Spinat
1 Schalotte, fein geschnitten
1 Knoblauchzehe
1 TL Butter
30 g Pinienkerne, gerieben
50 g Parmesan, frisch gerieben
1 Eigelb
Butter für die Form
Heller Geflügelfond

Die Frühlingszwiebeln halbieren, in Salzwasser kurz blanchieren, in Eiswasser abschrecken, abtropfen lassen und mit einem Kugelausstecher leicht aushöhlen.
Den blanchierten und gut ausgedrückten Spinat fein hacken, mit der Schalotte und der Knoblauchzehe in Butter kurz andünsten.
Die Pinienkerne rösten und zusammen mit dem Parmesan unter die Spinatmasse geben, etwas abkühlen lassen, das Eigelb zugeben und abschmecken. Die Zwiebeln füllen, in eine leicht gebutterte Form setzen, den hellen Fond angießen und in den 200 Grad heißen Ofen stellen. Acht bis zehn Minuten schmoren.

Salatblätter

8 hellgrüne Kopfsalatblätter
100 g Butter
2 Eigelb
200 g Weißbrot ohne Rinde, in Würfeln; die Hälfte der Würfel angeröstet
100 g Schinkenwürfel
30 g Petersilie, gehackt
Salz, Pfeffer, Muskat
Butter für die Form

Die Salatblätter waschen, in Salzwasser einige Sekunden blanchieren, in Eiswasser abschrecken (um die Farbe zu erhalten) und auf einem Tuch zum Trocknen ausbreiten.
Für die Farce die Butter schaumig rühren und die Eigelb unterziehen. Die Brot- und Schinkenwürfel sowie die Petersilie dazugeben, die Masse mit Salz, Pfeffer und Muskat kräftig abschmecken.
Die Blätter mit der Farce füllen und kleine Bälle formen. In eine gebutterte Form setzen und im 190 bis 200 Grad heißen Ofen in zehn bis zwölf Minuten gar ziehen, dabei mehrmals mit dem eigenen Saft übergießen.

Zucchiniblüten

4 Zucchiniblüten
8 große Spinatblätter
4 Gänsestopfleberwürfel, teelöffelgroß
Portwein, Madeira, Salz, Pfeffer
150 g Poulardenbrust
15 cl Sahne
40 g braune Butter (Nußbutter)
2 EL braune Glace
10 g Trüffelwürfel, in Butter geschwenkt
Butter für die Form
Geflügelfond

Die Zucchiniblüten putzen und aushöhlen.
Die Spinatblätter blanchieren, eiskalt abschrecken und auf einem Tuch trocknen lassen.
Die Gänseleberwürfel mit Portwein, Madeira, Salz und Pfeffer marinieren und in die Spinatblätter einschlagen.
Für die Farce die Poulardenbrust und die Sahne kurz in den Tiefkühler stellen. Das gekühlte Fleisch im Küchenkutter fein zerkleinern, die kalte Sahne einarbeiten und mit Salz abschmecken. Die braune Butter und die Glace einarbeiten und zum Schluß die Trüffelwürfel dazugeben.
Die Poulardenfarce in die Zucchiniblüten füllen, je einen Gänseleberwürfel darauflegen und die Blüten verschließen. In eine gebutterte Form setzen, etwas Geflügelfond angießen und im 190 bis 200 Grad heißen Ofen die Blüten je nach Größe in sechs bis zehn Minuten garen.

Petersilienbutter

1 Schalotte, fein geschnitten
2 Champignons, in Scheiben
1/8 l Weißwein
1/2 l Geflügelfond
100 g kalte Butter
40 g glatte Petersilie, fein geschnitten

Die Schalotte mit den Champignons andünsten, mit dem Weißwein ablöschen und etwas einkochen. Mit dem Geflügelfond aufgießen und auf ein Drittel reduzieren. Durch ein feines Sieb passieren und mit der kalten Butter montieren. Zum Schluß die Petersilie unterheben.
Die Petersilienbutter zu den gefüllten Gemüsen servieren.

Trüffel-Cannelloni mit Pakchoi und italienischem Speck
Vier Portionen

200 g Périgord-Trüffeln
Butter, Salz
150 g italienischer Speck, sehr dünn geschnitten
2–3 Bund Pakchoi (ein dem Mangold ähnliches Gemüse)

Für den Nudelteig:
12 Eigelb
2 EL Olivenöl
Salz, Muskat
400 g Mehl „Typ 405"
200 g Hartweizengrieß

Für die Sauce:
Trüffelabschnitte
40 g Butter
4 cl Madeira
15 cl Kalbsjus

Für den Nudelteig Eigelb, Salz und Öl verquirlen, mit einer Prise Muskat würzen. Mehl und Grieß dazugeben und zu einem Teig verkneten. Zugedeckt zwei bis drei Stunden ruhenlassen.
Fünf dünne Nudelteigplatten ausrollen (ca. 10 x 15 Zentimeter) und in Salzwasser kochen. Herausnehmen, in Eiswasser abschrecken und abtropfen lassen.
Die Trüffeln in Scheiben schneiden (die Abschnitte für die Sauce reservieren) und in Butter erwärmen. Die Teigplatten mit den Trüffelscheiben belegen und vorsichtig einrollen. Vor dem Anrichten im Dämpfer heiß werden lassen.
Die Pakchoi-Blätter waschen (für diese Zubereitung nur die kleinen Blätter verwenden), in Butter andünsten und mit Salz würzen.
Die Trüffelabschnitte fein hacken, in Butter andünsten, mit dem Madeira ablöschen und einkochen. Mit dem Kalbsjus auffüllen und bei kleiner Hitze ziehen lassen. Abschmecken.
Den Speck in einer sehr heißen Pfanne schwenken.
Auf vier Teller jeweils eine Trüffel-Cannelloni geben, die fünfte in schräge Scheiben schneiden und dekorativ dazu anrichten. Die Pakchoi-Blätter und den Speck dazugeben; die Cannelloni mit der Trüffelsauce nappieren.

Rosette von Topinambur und schwarzen Trüffeln
Vier Portionen

5 schwarze Trüffeln à 40 g
400 g Topinambur mittlerer Größe
Salz, Muskat, Nußbutter
Butter für die Formen
4 Scheiben Gänseleber à 40 g
Öl zum Braten
Weißer Pfeffer

Für die Sauce:
Trüffelabschnitte
1 TL Butter
2 cl Madeira
1/8 l Kalbsjus
80 g kalte Butter, in kleinen Stücken

Die Trüffeln dünn schälen, die Abschnitte fein hacken und für die

Sauce reservieren. Die Topinambur gut waschen und schälen. Trüffeln und Topinambur in Ein-Zentimeter-Scheiben schneiden, mit Salz, Muskat und Nußbutter würzen. Abwechselnd in gebutterte Förmchen schichten. In den 210 Grad heißen Ofen stellen und fünf bis sechs Minuten backen, die Topinambur sollen eine goldgelbe Farbe bekommen.

Für die Sauce die gehackten Trüffelabschnitte in etwas Butter erwärmen und mit dem Madeira ablöschen. Fast völlig einkochen und mit dem Kalbsjus auffüllen. Bei kleiner Hitze sanft zur gewünschten Konsistenz einköcheln und abschmecken. Vor dem Anrichten die kalten Butterstücke einschwenken. Die Gänseleberscheiben in wenig Öl scharf anbraten und würzen.

Die Trüffel-Topinambur-Rosette auf Teller stürzen, mit je einer Gänseleberscheibe belegen und mit der Trüffelsauce umgießen.

Trüffel-Ei auf Cremespinat
Vier Portionen

4 Eier
ca. 100 g weiße Trüffeln
250 g Blattspinat
20 g Butter
1 kleine Schalotte
Etwas Knoblauch
8 cl Crème double
30 g Nußbutter
Salz, Pfeffer, Muskat

Für die Sauce:
2 dl Geflügelfond
1,5 dl Crème double
Salz, Pfeffer aus der Mühle
5 g weiße Trüffeln
Etwas Butter
1 Spritzer Noilly Prat
1 EL geschlagene Sahne
Kalbsjus und Trüffeln für die Garnitur

Die rohen Eier mit den Trüffeln (je mehr Trüffel, desto intensiver der Geschmack) in ein Weckglas legen, verschließen und zwei bis drei Tage stehenlassen.

Den Spinat blanchieren, gut auspressen und grob hacken. Die gehackte Schalotte mit Knoblauch in Butter anziehen, den Spinat dazugeben und mit der Crème double kurz aufkochen. Würzen und mit der Nußbutter aufmixen.

Den Geflügelfond mit der Crème double einkochen, würzen und zu einer cremigen Sauce reduzieren. Die Trüffeln in etwas Butter anziehen, mit Noilly Prat ablöschen und mit der reduzierten Sauce auffüllen. Mixen und zum Schluß die geschlagene Sahne unterziehen.

Die Trüffel-Eier braten, auf dem Cremespinat anrichten und mit der Sauce umgießen. Die Sauce mit ein paar Tropfen Kalbsjus garnieren und zum Schluß die Trüffeln hauchdünn darüberhobeln.

Weiße Trüffeln auf Artischockensalat
Vier Portionen

16–20 kleine, junge Artischocken
Estragon-Essig
Limonensaft
Olivenöl
Weißes Trüffelöl
Salz, Pfeffer aus der Mühle
1 weiße Trüffel
Kerbel zum Garnieren

Von den Artischocken die äußeren Blätter und mit einem Löffel das „Heu" entfernen. Mit einem kleinen Messer tournieren, dabei etwa zwei Zentimeter des zarten Artischockenstiels mitverwenden.

Die Artischocken mit einem scharfen Trüffelhobel sehr dünn raspeln, sofort mit Limonensaft, Essig und den beiden Ölen marinieren. Mit Salz und Pfeffer würzen. Abschmecken und auf Tellern anrichten. Den Salat mit Kerbel garnieren und zum Schluß Trüffelscheiben darüberhobeln.

Jakobsmuscheln und Langustinen auf belgischem Chicorée mit Rotwein- und Limonenbutter
Vier Portionen

8 Jakobsmuscheln, 12 Langustinen
2 belgische Chicorée
Salz, Zucker, Limonensaft
50 g Butter
Schale einer Limone, in dünne Streifen geschnitten

Für die Saucen:
1/8 l milder Rotwein, 1/8 l roter Port
1 EL Sahne
1/16 l weißer Portwein
Saft einer Limone
2 dl Fisch-Consommé, 200 g Butter

Die Jakobsmuscheln aus den Schalen lösen und säubern. Vier Jakobsmuscheln in dünne Scheiben schneiden. Die Langustinenschwänze ausbrechen und die Därme herausziehen; Köpfe und Scheren werden nicht verwendet. Acht Schwänze in dünne Scheiben schneiden.

Mit Salz, Zucker und Limonensaft abgeschmecktes Wasser aufkochen, die Chicoréeblätter hineingeben, blanchieren, abschrecken und gut abtropfen lassen. Acht Chicoréeblätter mit den Muschel- und Langustinenscheiben belegen, mit Salz und Zitronensaft würzen und unter dem Salamander garen.

Die vier Jakobsmuscheln und vier Langustinenschwänze in Butter braten und würzen. Die Limonenschalenstreifen blanchieren.

Den Rotwein mit dem roten Port sirupähnlich einkochen und die flüssige Sahne einschwenken. Vor dem Anrichten in diese warme Reduktion 80 bis 100 Gramm Butter einrühren. Den weißen Portwein mit dem Limonensaft sirupähnlich einkochen, mit der Fisch-Consommé auffüllen und auf ein Viertel reduzieren. Vor dem Anrichten in die warme Limonen-Consommé-Reduktion die restliche Butter mit dem Mixstab einschlagen.

Auf vorgewärmten Tellern die gefüllten Chicoréeblätter v-förmig anrichten, Jakobsmuscheln und Langustinenschwänze dazugeben und mit je einem Löffel der beiden Saucen umgießen. Mit den Limonenstreifen garnieren.

Schellfisch im Strudelteig und zwei Saucen
Vier Portionen

4 Schellfischfilets à 180 g
Zitronensaft
100 g Fischfilet für die Farce
5 cl Sahne, 5 cl Crème double
1 Ei, Salz, Pfeffer
Tomaten-Concassé von einer Tomate
3–4 Basilikumblätter
4 Strudelteigplatten
Eiweiß zum Bestreichen
Fett zum Fritieren

Für die Sauce:
1 Schalotte, fein geschnitten
10 cl trockener Weißwein
30 cl Fischfond, 100 g Butter
Salz, Cayenne, Zitrone
4 EL kleine Kapern
12 junge Lauchzwiebeln, blanchiert und in feinen Streifen

Die Schellfischfilets säubern, leicht salzen und mit Zitronensaft beträufeln. Das Fischfilet mit der Sahne und der Crème double, dem Ei sowie etwas Salz und Pfeffer im Küchenkutter zu einer leicht flüssigen Farce verarbeiten. Das Tomaten-Concassé und fein geschnittene Basilikumblätter dazugeben. Abschmecken und die Schellfischfilets mit dieser Mischung bestreichen. Die Filets in den Strudelteig einschlagen und die Teigenden mit Eiweiß verkleben. Die Strudel-„Päckchen" in 180 Grad heißem Fett goldgelb ausbacken. Für die Sauce die Schalotte mit Weißwein reduzieren, mit dem Fischfond ablöschen und wieder einkochen. Mit kalter Butter aufmontieren und mit Salz, Cayenne und Zitrone abschmecken. In die Sauce *entweder* die Kapern *oder* die Lauchzwiebeln einschwenken.

Die Schellfisch-Strudel mit einer der beiden Saucen anrichten.

Rotbarbe mit Kartoffelschuppen auf Zucchini-Auberginensalat
Vier Portionen

2 mittelgroße Rotbarben
Salz, Pfeffer, Zitrone
1 EL Fischfarce
4 Kartoffeln, 1/4 l Olivenöl zum Braten
1 mittelgroße Aubergine
2 kleine Zucchini, Mehl
1 Friséesalat, 2 Eiertomaten
20 Basilikumblätter
Fett zum Fritieren
1 kleines Bund Koriander, Meersalz

Für die Salatsauce:
1/8 l Olivenöl
Saft von zwei Limonen
1 TL Champagner-Essig
1 TL Sherry-Essig
1 TL Lemon Pfeffer, Salz, Peffer

Die Rotbarben schuppen, filetieren, und würzen. Die Hautseiten der Filets mit der Fischfarce dünn bestreichen. Die Kartoffeln schälen, in dünne Scheiben schneiden und „Schuppen" ausstechen. Die Fischfilets damit belegen und in einer beschichteten Pfanne mit wenig Öl nur auf der „Schuppen"-Seite bei nicht zu starker Hitze goldbraun braten.
Die Aubergine und die Zucchini der Länge nach in dünne Scheiben schneiden, vorsichtig mehlieren, würzen und in Olivenöl goldgelb anbraten. Auf Küchenkrepp abtropfen lassen.
Den Friséesalat waschen und zupfen. Die Tomaten blanchieren, enthäuten und entkernen, das Fleisch in kleine Würfel schneiden.
Die Zutaten für die Salatsauce verrühren und abschmecken.
Frisée, Auberginen- und Zucchinischeiben mit der Sauce marinieren und auf Teller verteilen. Die Rotbarben darauf anrichten, mit fritierten Basilikumblättern, Tomatenwürfeln und Korianderblättchen garnieren. Zum Schluß noch etwas von der Salatsauce über den gesamten Salat geben und die Rotbarben mit Meersalz aus der Mühle würzen.

Salatkomposition mit Kaninchen und Steinpilzen
Vier Portionen

8 Steinpilze
2 EL Olivenöl zum Braten
2 Kaninchenrückenfilets
Salz, Pfeffer
50 g Butter zum Braten
2 Kaninchenlebern
1/2 TL Schalotten, gewürfelt
Alter Balsamico-Essig
1/2 Lollo-Rosso-Salat
1/2 Lollo-Verde-Salat
1/2 Eichblattsalat
1 kleiner Radicchio
20 g Pinienkerne
1–2 EL Kaninchenjus

Für die Leber-Croûtons:
2 Kaninchenlebern
1 Schalotte, fein gehackt
50 g Butter zum Braten
2 EL Kaninchenjus
Salbei, Majoran
4 Scheiben Toastbrot

Für die Salatsauce:
10 cl Nußöl
5 cl Pflanzenöl
5 cl Champagner-Essig
1 TL Trüffelsaft
2 cl roter Portwein
Saft einer halben Limone
Salz, Pfeffer, Zucker

Für die Croûtons die Kaninchenlebern in feine Würfel schneiden, die Schalotte in etwas Butter goldgelb andünsten und die Leberwürfel dazugeben. Mit Kaninchenjus ablöschen und mit den Kräutern würzen. Die Mischung leicht dicklich einkochen. Aus dem Toastbrot runde Croûtons ausstechen, in Butter ausbraten, auf Küchenkrepp abtropfen lassen und mit den Leberwürfeln belegen.
Die Zutaten für die Sauce mit dem Schneebesen verrühren und abschmecken.
Die Steinpilze putzen, in Scheiben schneiden und in Olivenöl anbraten. Die Kaninchenrückenfilets würzen und in Butter braten. Die Lebern im ganzen in Butter sautieren, würzen, die Schalottenwürfel zugeben und mit ein paar Tropfen Balsamico-Essig ablöschen. Die Salate waschen, zupfen und mit der Salatsauce marinieren. Auf Tellern anrichten. Die Kaninchenrücken und -lebern in dünne Scheiben schneiden und auf dem Salat verteilen. Abwechselnd mit Steinpilzscheiben und Leber-Croûtons umlegen. Zum Schluß mit den Pinienkernen bestreuen und mit Kaninchenjus beträufeln.

Gefüllte Krebsnasen mit Kohlrabi
Vier Portionen

2,8 kg europäische Flußkrebse
Cayenne-Pfeffer, Meersalz
Öl zum Rösten
150 g Mirepoix aus Zwiebeln, Lauch, Karotten, Stangensellerie und Schalotten
75 g Butter
Pfefferkörner
1/2 Lorbeerblatt
1 kleiner Thymianzweig
1–2 Dillstiele, Salz
1 Glas trockener Weißwein
30 cl Fisch-Consommé
100 g kalte Butter, in kleinen Stücken

Für die Beilagen:
4 mittelgroße, mehlige Kartoffeln
100 g Butter, 1/8 l Milch
Salz, Pfeffer
8 mittelgroße Kohlrabi (mit Grün)
Butter, Salz, Zucker
1 Bund glatte Petersilie, fein gehackt

Cayenne-Pfeffer und Meersalz in kochendes Wasser geben und die Krebse darin abkochen, Scheren und Schwänze ausbrechen und im Kochwasser zur weiteren Verwendung bereithalten.
Zwanzig Krebsnasen säubern und gut auswaschen, die restlichen Nasen zerkleinern und etwa fünf Minuten in Öl rösten. Das Mirepoix zugeben und noch einmal zehn Minuten mitrösten, 75 Gramm Butter unterrühren und so lange rösten, bis die Butter „nussig" wird. Dann die Gewürze zugeben, mit dem Weißwein ablöschen und völlig verkochen lassen. Mit Fisch-Consommé auffüllen, einmal aufkochen und zwanzig Minuten ziehen lassen. Durch ein Tuch passieren, auf ein Drittel einkochen und mit kalter Butter aufmontieren. Abschmecken und vor dem Anrichten die ausgelösten Krebsschwänze und -scheren in der Krebsbutter heiß werden lassen.
Die Kartoffeln schälen und kochen. Mit der Butter und der Milch zu einem lockeren Püree verarbeiten.
Die Kohlrabi schälen, in Zwei-Zentimeter-Stücke tournieren und glacieren. Zwölf kleine Kohlrabi-Blätter für die Garnitur reservieren.
Die Kohlrabi-Abschnitte fein hacken, in wenig Butter anziehen, mit Salz und einer Prise Zucker würzen. Weich dünsten und mit der fein gehackten Petersilie unter das Kartoffelpüree ziehen. Das Püree noch einmal abschmecken, in die gereinigten Krebsnasen füllen und im vorgeheizten Ofen heiß werden lassen.
Die Kohlrabiblätter in Butter langsam braten und leicht salzen.
Die gefüllten Krebsnasen sternförmig auf Teller verteilen, die Zwischenräume mit den glacierten Kohlrabistücken und den Kohlrabiblättern füllen. Die Krebsschwänze und -scheren in der Mitte anrichten und mit der Krebsbutter nappieren.

Carpaccio von Jakobsmuscheln mit Oliven
Vier Portionen

8 Jakobsmuscheln
Olivenöl für die Teller
1/2 Schalotte, fein gehackt
1/2 TL Butter zum Andünsten
1,5 dl trockener Weißwein
6 schwarze, entkernte Oliven
40 g kalte Butter
Corail von vier Jakobsmuscheln
Salz, Pfeffer
Zitrone, Koriander

Die Muscheln auslösen, gut wässern und in dünne Scheiben schneiden. Vier

163

Teller mit Olivenöl bepinseln und die Scheiben darauf anrichten.
Für die Sauce die Schalotte in Butter glasig dünsten, mit dem Weißwein ablöschen und zwei in feine Stifte geschnittene Oliven zugeben. Um die Hälfte einkochen, passieren und mit der kalten Butter montieren. In die lauwarme Sauce das Jakobsmuschel-Corail geben, mixen und passieren. Mit Salz, Pfeffer, Zitrone und Koriander abschmecken.
Das Carpaccio eine halbe Minute unter den heißen Salamander stellen, mit der Corail-Olivenbutter beträufeln und mit einer schwarzen Olive garnieren.

Jakobsmuscheln und Lachs im Frühlingsrollenteig
Vier Portionen

4 Jakobsmuscheln
Salz, Pfeffer, Zitrone
100 g Lachsfarce
Basilikumblätter
4 dünne Lachsschnitzel
4 Platten Frühlingsrollenteig
Fett zum Fritieren
12 junge Karotten
12 frische Morcheln
2 EL Butter
5 cl Weißwein
2 cl Sahne
Zucker

Für die Lachsfarce:
100 g Lachsfilet
100 g Zanderfilet
2 dl Sahne
Salz, Cognac

Für die Farce das gekühlte Fischfilet in kleine Stücke schneiden, leicht salzen und im Mixer pürieren. Langsam die kalte Sahne zufügen, auf Eis stellen und zu einer homogenen Masse verarbeiten. Kühlen, durch ein feines Sieb streichen und mit Salz abschmecken.
Für die Füllung der Morcheln etwas von der Farce nehmen und mit einem Spritzer Cognac aromatisieren.
Die Jakobsmuscheln auslösen, gut wässern (das Corail wird für dieses Rezept nicht benötigt), mit Salz, Pfeffer und Zitrone würzen. Die Muscheln sehr dünn mit der Lachsfarce bestreichen, mit Basilikumblättern umlegen und noch einmal mit Farce bestreichen. Mit den Lachsschnitzeln umhüllen, in den Frühlingsrollenteig einschlagen und in 180 Grad heißem Fett goldgelb fritieren.
Die gut gewaschenen Morcheln mit Lachsfarce füllen und in etwas Butter gar dünsten. Herausnehmen und den Fond mit Weißwein und Sahne ablöschen. Etwas einkochen und abschmecken.
Die Karotten in Butter mit Salz und Zucker gar dünsten.
Die fritierten Jakobsmuscheln mit den Gemüsen und etwas vom reduzierten Morchelfond anrichten.

Bretonischer Hummer mit schwarzen Ravioli
Vier Portionen

3 bretonische Hummer, ca. 500 g pro Stück
Olivenöl zum Braten
1 Bund Basilikum
100 g Meeralgen, blanchiert
Butter

Für die Ravioli:
200 g Mehl
40 g feiner Weizengrieß
2 Eier, 2 Eigelb
1 EL Olivenöl, Salz
15 g Tintenfisch-Tinte
Eigelb zum Bestreichen
Butter zum Braten

Für die Füllung:
200 g Zanderfilet
2 dl Sahne, Salz
Noilly Prat
Fleisch von zwei gekochten Hummerscheren
1/2 TL Estragon, fein gehackt

Für die Sauce:
Hummerköpfe
2 EL Olivenöl
Röstgemüse aus 30 g Karotten, 30 g Staudensellerie, 30 g Lauch (nur das Weiße), 30 g Schalotten, 1/2 Knoblauchzehe und Estragonstielen
1 Tomate
1 EL Tomatenmark
1/16 l Weißwein
1/4 l Fisch-Consommé
Butter zum Binden

Die Hummer in kochendem Wasser überbrühen und herausnehmen. Scheren und Beine vom Körper abtrennen und weitere acht Minuten köcheln. Ausbrechen und das Fleisch im Kochfond warm halten. Zwei Scheren für die Ravioli-Füllung reservieren.
Die noch rohen Hummerschwänze nicht auslösen, sondern nur von den Köpfen abtrennen und an den „Gelenken" in etwa zwei Zentimeter dicke Scheiben schneiden.
Für die Ravioli aus Mehl, Weizengrieß, Eiern, Eigelb, Olivenöl, einer Prise Salz und der Tintenfisch-Tinte einen geschmeidigen Teig herstellen. Gut durchkneten, 20 Minuten ruhenlassen, mit der Nudelmaschine dünne Teigplatten ausrollen und mit Eigelb bestreichen.
Für die Füllung das gekühlte Zanderfilet in kleine Stücke schneiden, leicht salzen und im Mixer pürieren. Nach und nach die kalte Sahne zufügen und auf Eis zu einer homogenen Masse verarbeiten. Durch ein feines Sieb streichen, mit Salz und einem Spritzer Noilly Prat abschmecken. Die Hummerscheren fein hacken und zusammen mit dem Estragon unter die Fischfarce heben.
In einen Spritzbeutel füllen und kleine Tupfer auf die eine Hälfte der Ravioli-Teigplatten verteilen. Mit den restlichen Platten abdecken und mit der Rückseite der Spritztülle über die Tupfer drücken (dabei verkleben die Teigblätter und springen beim Kochen nicht auf). Die Ravioli ausradeln, in Salzwasser nicht zu weich kochen und vor dem Anrichten kurz in Butter schwenken.
Für die Sauce die Hummerköpfe vierteln und in Olivenöl anbraten. Nach zwei Minuten die Röstgemüse dazugeben, etwas später die frische Tomate und das Tomatenmark unterrühren. Mit dem Weißwein ablöschen und die Flüssigkeit fast vollkommen einkochen. Mit der Fisch-Consommé aufgießen, einmal aufkochen und bei reduzierter Hitze rund 25 Minuten köcheln lassen. Durch ein feines Sieb passieren, auf ein Drittel einkochen, abschmecken und mit etwas Butter binden.
Die Hummerschwanz-Medaillons und die Hummerscheren in einer Pfanne mit Olivenöl von beiden Seiten braten, salzen und die Basilikumblätter dazugeben.
Die Meeralgen in Butter schwenken, damit sie schön knackig sind.
Die Sauce auf Teller verteilen, den gebratenen Hummer mit Meeralgen und Ravioli darauf anrichten. Mit frischen Basilikumblättern garnieren.

Hummersuppe mit Blumenkohlröschen
Vier Portionen

Karkassen von zwei Hummern
Öl zum Anrösten
150 g helles Mirepoix aus Stangensellerie, Zwiebeln, Schalotten, Lauch, Fenchel und etwas Karotten
1 EL Tomatenmark
80 g Butter, ungesalzen
1 Tomate
1 Lorbeerblatt
8–10 zerdrückte Pfefferkörner
1 kleiner Thymianzweig
1 Estragonzweig
2 Knoblauchzehen
2 cl weißer Portwein
2 cl Noilly Prat
2 cl Cognac
4 cl trockener Weißwein
1 l Fisch-Consommé
40 cl Crème double

Für die Einlage:
Fleisch von einem Hummer
200 g Blumenkohlröschen, fast weichgekocht, in Eiswasser abgeschreckt und in geklärter Butter goldgelb gebraten
Geschnittener Estragon

Die rohen Hummerkarkassen (erhält man, wenn Hummer in sprudelnd kochendem Salzwasser getötet, sofort wieder herausgenommen und ausgelöst werden) in Öl ca. 20 Minuten langsam rösten, Mirepoix zugeben und mitrösten. Das Tomatenmark in Öl separat anrösten. Die Butter zu den Karkassen geben und so lange rösten, bis sie „nussig" geworden ist; dann die Tomate, das geröstete Tomatenmark und die Gewürze zugeben. Mit Port, Noilly Prat, Cognac und Weißwein ablöschen. Stark einkochen, mit der Consommé aufgießen, zehn Minuten vorsichtig köcheln und zwanzig Minuten ziehen lassen. Die Crème double zugießen, einmal aufkochen, mit dem Saucenstab kurz durchmixen, noch einmal ziehen lassen und passieren.
Die Blumenkohlröschen auf tiefe Teller verteilen, das gekochte Hummerfleisch dazugeben, mit der aufgemixten Suppe übergießen und mit Estragon garnieren.

Gelee mit Austern und Seeigeln
Vier Portionen

8 Austern
15 cl Fisch-Consommé
5 cl Rote-Bete-Gelee
3–4 Blatt Gelatine
3 Seeigel
1 Glas Champagner
2 Eigelb
Salz, Cayenne-Pfeffer
Limonensaft
1 EL geschlagene Sahne
Brunnenkresse für die Garnitur

Für den Fischfond:
20 g Butter
1 kleine Lauchstange
40 g Stangensellerie
20 g Fenchel
Gräten und Abschnitte von zwei Seezungen, gewässert
0,1 l trockener Weißwein
Grobes Meersalz
Basilikum- und Estragonstiele
8 zerdrückte Pfefferkörner
1/2 Lorbeerblatt

Zum Klären des Fonds:
1 kleine Zwiebel
1/4 Lauchstange
20 g Fenchel
3–5 zerdrückte Pfefferkörner
1/4 Tomate
Einige Petersilienstiele
2 Eiweiß
Etwas Meersalz

Für den Fischfond die Butter zerlassen und die Gemüse darin glasig dünsten. Gräten und Abschnitte der Seezungen dazugeben, andünsten und mit Weißwein ablöschen. Soviel Wasser auffüllen, daß die Gräten knapp bedeckt sind, mit Meersalz würzen und einmal aufkochen; dabei öfter abschäumen. Die Kräuterstiele, Pfefferkörner und das halbe Lorbeerblatt zugeben; 20 bis 30 Minuten bei schwacher Hitze ziehen lassen. Den Fond passieren und kalt rühren.
Zum Klären des Fonds die Gemüse (Zwiebel, Lauch, Fenchel) kleinschneiden, mit den Gewürzen, der Tomate und den Eiweiß kräftig vermengen. Die Klärmasse salzen, mit dem kalten Fischfond mischen und unter ständigem Rühren zum Kochen bringen. Die geklärte Consommé abschöpfen und 15 cl für das Gelee abnehmen.
Die Austern öffnen, das Austernwasser in die Consommé für das Gelee geben.
Etwas Consommé abnehmen, mit fein geriebenen roten Beten mischen und passieren. In die noch warme klare und in die rote Consommé die kalt eingeweichte, gut ausgedrückte Gelatine einrühren.
Die Seeigel aufschneiden und mit einem kleinen Löffel die Zungen vorsichtig herausnehmen. Den Saft aufbewahren, er eignet sich gut zum Würzen von Suppen und Saucen.
Den Champagner und die Eigelb zu einem Sabayon aufschlagen, mit Salz, Cayenne und Limonensaft abschmecken. In ein Wasserbad (auf Eiswürfel) stellen und kalt schlagen.
Zum Schluß die geschlagene Sahne unterziehen.
Je zwei Austern auf tiefen Tellern anrichten und mit dem Gelee, das kurz vor dem Festwerden ist, überziehen. Zwei bis drei Seeigelzungen dazugeben und das Rote-Bete-Gelee als Kontrast zwischen die Austern geben. Mit dem Sabayon nappieren und mit Brunnenkresse garnieren.

Rotbarbe und Wolfsbarsch auf Weißweinsauce
Vier Portionen

400 g Wolfsbarschfilet (mit Haut)
320 g Rotbarbenfilet (mit Haut)
Zitronensaft
Öl zum Anbraten
Kerbel und Schnittlauch für die Garnitur

Für die Sauce:
1 Schalotte, fein gehackt
1/2 TL Butter
3 dl weißer Bordeaux (ideal ist ein „Y" von Lur-Saluces)
1 dl Sahne
100 g kalte Butter
Salz, Cayenne

Die von Gräten und Schuppen befreiten Fischfilets in Streifen schneiden; die Rotbarben in sechzehn, den Wolfsbarsch in zwanzig gleiche Teile. Die Fischstreifen mit Hilfe einer Spicknadel flechten; dabei darauf achten, daß die Rotbarbe durch (und nicht unter) den Wolfsbarsch geflochten wird, weil dadurch alles einen besseren Halt bekommt. Mit Zitrone würzen und auf der Hautseite in Öl vorsichtig braten.
Für die Sauce die Schalotte in wenig Butter andünsten, mit dem Weißwein ablöschen und um die Hälfte einkochen. Die Sahne dazugeben, kurz einköcheln und mit der kalten Butter montieren. Durch ein feines Sieb passieren und abschmecken.
Die Sauce auf vorgewärmte Teller verteilen und das Fischgeflecht darauf anrichten. Mit Schnittlauch und Kerbel garnieren.

Gebratener Waller auf eingemachten Tomaten
Vier Portionen

2 Waller à 350 g
Salz, Pfeffer
Zitronensaft

Für die Tomaten:
3 dl Wasser
3 EL Estragon-Essig
1 Prise Salz
1 Prise Zucker
6 mittelgroße Tomaten
1 Knoblauchzehe
1 Lorbeerblatt
1 kleiner Rosmarin-Strauß
1 EL Polentagrieß
1 kleine Schalotte
1 EL Olivenöl
Concassé von zwei Tomaten

Aus Wasser, Essig, Salz und Zucker einen Sud kochen und über die Tomaten (ohne Stielansätze) gießen. Knoblauch, Lorbeer und Rosmarin dazugeben und alles in ein Einmachglas füllen. Das verschlossene Glas in ein Wasserbad stellen und ca. 20 Minuten im Ofen pochieren. Anschließend abkühlen lassen; die so eingeweckten Tomaten lassen sich mehrere Monate aufbewahren.
Für die Sauce die Hälfte der Flüssigkeit aus dem Glas abgießen, den Rest aufkochen, im Mixer pürieren und passieren. Den Polentagrieß einrieseln lassen und 10 bis 15 Minuten köcheln. Die feingeschnittene Schalotte in Olivenöl glasig andünsten, das Tomaten-Concassé dazugeben und eine Minute mitdünsten. Die Mischung zu den passierten Tomaten geben und abschmecken.
Die Waller filieren und sorgfältig entgräten, leicht würzen und auf der Hautseite kroß braten.
Den Fisch auf den Tomaten anrichten, mit Salz und schwarzem Pfeffer aus der Mühle bestreuen.

Waller in Riesling-Wurzelsud
Vier Portionen

2 Waller à 350 g
1 Karotte
2 Staudensellerie
8 Frühlingszwiebeln
1 Schalotte
1 EL Butter
2 dl Fischfond
2 dl Riesling
3 EL kalte Butter
Salz, Cayenne
Zitronensaft
Dillspitzen
Frisch geriebener Meerrettich

Die Waller filieren, dabei die Haut nicht beschädigen.
Karotten und Staudensellerie in Stifte schneiden, die Frühlingszwiebeln putzen, waschen und halbieren.
Die in Halbringe geschnittene Schalotte mit den Gemüsen in Butter andünsten, mit Fischfond und Riesling ablöschen. Die Wallerfilets in den Sud geben und drei bis vier Minuten pochieren. Die Filets herausnehmen und warm stellen.
Den Pochiersud mit der kalten Butter aufmontieren, mit Salz, Cayenne und Zitronensaft abschmecken.
Die Wallerfilets auf dem Rieslingsud anrichten, mit Dill und frisch geriebenem Meerrettich garnieren.

Aal in Rotwein
Zwei Portionen

400–500 g frischer Aal, abgezogen
Salz, Pfeffer
3 EL Olivenöl

Für die Sauce:
1/2 TL Zucker
1/2 TL Estragon-Essig
1 EL Butter
2 Schalotten in der Schale
1 kleine Stange Lauch (nur das Weiße), gewürfelt
1 Staudensellerie, gewürfelt
100 g Zwiebeln, gewürfelt
1,25 dl Portwein
5 dl Rotwein

2,5 dl Kalbsjus
2 Champignons, geviertelt
1 Knoblauchzehe, angedrückt
Einige Petersilienstiele
10 weiße Pfefferkörner
60 g kalte Butter, in kleinen Stücken
Salz, Pfeffer

Für die Garnitur:
16 kleine, neue Kartoffeln
14 kleine Frühlingszwiebeln
Salz, Pfeffer
60 g Butter

Den Aal in vier bis fünf Zentimeter große Stücke schneiden, würzen, vor dem Anrichten in heißem Olivenöl anbraten und im 180 Grad heißen Ofen in acht bis zehn Minuten fertigbraten.
Für die Sauce den Zucker in einer Sauteuse goldbraun karamelisieren und mit dem Estragon-Essig ablöschen. Die Butter und die Gemüse zufügen und leicht andünsten. Mit dem Portwein ablöschen und um die Hälfte einkochen. Den Rotwein angießen und wieder um die Hälfte reduzieren. Den Kalbsjus, die Champignons und die Gewürze zufügen, rund eine halbe Stunde köcheln lassen; dabei die Pfefferkörner in den letzten zehn Minuten zugeben. Durch ein Tuch passieren, noch einmal aufkochen, die kalte Butter einschwenken oder mit dem Mixstab untermontieren und die Sauce abschmecken.
Die gut gebürsteten Kartoffeln in Salzwasser kochen, abgießen, trocknen und in aufschäumender Butter schwenken.
Das Grün der Frühlingszwiebeln auf zwei bis drei Zentimeter kürzen, die Zwiebeln in Salzwasser blanchieren, abschrecken und abtropfen lassen. Vor dem Anrichten in heißer Butter schwenken.
Aal, Kartoffeln und Frühlingszwiebeln auf warmen Tellern anrichten und mit der Sauce umgießen.

Steinbutt-Rosette mit Algen auf Limettensauce
Vier Portionen

4 gleich große Steinbuttfilets, ca. 100 g pro Stück
Butter für die Form
Salz, Pfeffer, Zitrone
Fischfond von den Steinbuttgräten

Für die Sauce:
10 g Butter
20 g Schalotten, gewürfelt
1,5 dl Champagner
1,5 dl Steinbuttfond
50 g Algen
50 g Karotten, fein gewürfelt
2 Limetten
40 g Butter

Die parierten Steinbuttfilets schräg in dünne Scheiben schneiden und zu Rosetten zusammenfügen. Mit Salz, Pfeffer und Zitronensaft würzen. In eine gebutterte Form setzen, mit heißem Steinbuttfond umgießen und im 150 Grad heißen Ofen glasig pochieren. Dabei immer wieder mit dem Fond begießen, damit der Fisch nicht trocken werden kann.
Für die Sauce die Butter in einer Sauteuse zerlaufen lassen und die Schalottenwürfel darin andünsten. Mit Champagner ablöschen und mit dem Steinbuttfond auffüllen. Auf zwei Deziliter einkochen.
Die gewaschenen Algen blanchieren, eiskalt abschrecken und abtropfen lassen; eventuell in etwas Butter anschwenken. Die Karottenwürfel in Salzwasser blanchieren und abtropfen lassen. Die Limetten filieren.
Die reduzierte Sauce mit der Butter aufmontieren, Algen, Karotten und Limettenfilets hineingeben. Abschmecken.
Die Sauce auf vorgewärmte Teller verteilen und die pochierten Steinbutt-Rosetten darauf anrichten.

Zander auf Linsenspecksauce
Vier Portionen

4 Zanderfilets à 150 g
Salz, Pfeffer
Olivenöl zum Anbraten
50 g geräucherter Speck, in Streifen
2 Schalotten, gehackt
2 kleine Knoblauchzehen
2 cl Balsamico-Essig
30 g Linsen, in Salzwasser blanchiert
15 cl Kalbsfond
15 cl Fischfond
1 Lorbeerblatt
15 cl Crème double
60 g kalte Butter, in kleinen Stücken
Cayenne
Petersilie
Concassé von zwei Tomaten

Den Zander auf der Hautseite scharf anbraten, Speckstreifen, Schalotten und Knoblauchzehen zugeben. Den Fisch kurz vor dem Garpunkt herausnehmen und warm stellen.
Das Öl abschütten, den Bratfond mit dem Essig ablöschen, die Linsen und das Lorbeerblatt dazugeben. Mit Kalbs- und Fischfond auffüllen. Gut einkochen, mit der Sahne auffüllen, zur gewünschten Konsistenz reduzieren, mit der kalten Butter binden und mit Cayenne abschmecken.
Die Linsensauce auf warme Teller verteilen und den Zander darauf anrichten. Mit geschnittener Petersilie und Tomaten-Concassé garnieren.

Steinbutt in Kartoffelkruste auf Linsen
Vier Portionen

4 Steinbuttschnitzel à 150 g
Salz, Pfeffer
4 mittelgroße Kartoffeln, geschält und in feine Streifen geschnitten
Butter zum Braten
50 g Linsen
Etwas Öl
10 g Speckstreifen
10 g Zwiebeln, gewürfelt
10 g Lauch, gewürfelt
10 g Karotten, gewürfelt

10 g Sellerie, gewürfelt
1 TL Tomatenmark
1 Messerspitze scharfer Senf
Balsamico-Essig
Zitronen- und Orangenschalenstreifen
1/2 Cornichon
2 Kapern
2 cl Portwein
3 dl Geflügelfond
2 EL kalte Butter

Die Steinbuttschnitzel leicht würzen und mit den Kartoffelstreifen belegen. In Butter vorsichtig goldgelb anbraten, wenden und fertiggaren.
Die Linsen in Salzwasser etwa drei Minuten blanchieren und abschütten. In Öl der Reihe nach Speck, Zwiebeln, Lauch, Karotten und Sellerie andünsten. Die Linsen, das Tomatenmark und alle übrigen Würzzutaten zufügen, mit dem Portwein ablöschen und gut einkochen. Den Geflügelfond auffüllen und die Linsen weich kochen. Zum Schluß das Gemüse mit der kalten Butter binden.
Das Linsengemüse auf warme Teller verteilen und den Steinbutt mit der „Kartoffelseite" nach oben darauf anrichten.

Rotbarbe mit jungem Knoblauch in Gemüsetee
Acht Portionen

4 Rotbarben, ca. 110 bis 140 g pro Stück
Salz
Butter für die Form
1/8 l Fisch-Consommé
5 Knollen junger Knoblauch
4 EL Olivenöl

Für die Sauce:
2 EL Karotten-Rauten
2 EL Lauch-Rauten
2 EL Fenchel-Rauten
2 EL Staudensellerie, in Scheiben
40 cl Fisch-Consommé
2 Basilikumblätter
4 Estragonblätter
150 g Butter
Saft einer halben Limone, Salz
1 EL Petersilie, fein gehackt

Die Rotbarben schuppen, ausnehmen und die Kiemen herausschneiden; die Fische (mit den Köpfen) der Länge nach halbieren und mit einer Pinzette die Gräten ziehen.
Die Gemüserauten und Selleriescheiben in ein Einweckglas geben und mit der heißen Fisch-Consommé auffüllen; die Kräuter dazugeben, das Glas verschließen und 20 Minuten im heißen Wasserbad ziehen lassen. Die Fisch-Consommé passieren und den erhaltenen „Gemüsetee" auf etwa ein Drittel einkochen. Mit der Butter aufmixen und die Gemüserauten wieder in die Sauce geben. Mit Limonensaft und Salz abschmecken, zum Schluß die fein gehackte Petersilie unterrühren.
Den Knoblauch mit der Aufschnittmaschine in dünne Scheiben schneiden; möglichst so, daß im Querschnitt alle Zehen zu erkennen sind, die Scheiben aber nicht auseinanderfallen. Die Knoblauchscheiben in Olivenöl ganz langsam kroß braten.
Die Rotbarbenhälften mit der Hautseite nach oben in eine gebutterte Form legen, leicht salzen und etwas Fisch-Consommé angießen. Unter dem Salamander garen, die Haut der Fische soll dabei leicht kroß werden. Die Knoblauchscheiben auf heiße Teller verteilen, mit dem Gemüsetee nappieren und die Rotbarbenhälften darauf anrichten.

Gefüllte Knödelblätter mit Lammzunge und schwarzen Trüffeln
Vier Portionen

12 Knödelblätter
300 g Lammzunge, gepökelt
Salz, Pfeffer
80 g junger Knollensellerie
1 Stange Lauch (nur das Weiße)
1 gelbe Paprika
1 Schalotte, fein geschnitten
Butter zum Andünsten
1 Thymianzweig
1 Lorbeerblatt
10 cl Madeira

1/4 l Kalbsglace
30 g schwarze Trüffeln, in feinen Streifen
1 EL Speisestärke
40 g kalte Butter, in kleinen Stücken
Balsamico-Essig
5 cl Portwein
5 cl Trüffelfond

Die Lammzunge in kochendem Salzwasser 30 bis 45 Minuten pochieren, in Eiswasser abschrecken, enthäuten und in feine Streifen schneiden.
Sellerie, Lauch und Paprika waschen bzw. schälen und in feine Streifen schneiden.
Die Schalotte glasig andünsten, die Zungen- und Gemüsestreifen, den Thymianzweig und das Lorbeerblatt dazugeben. Mit Madeira aufgießen und gut einkochen, die Hälfte der Kalbsglace zugeben, wieder einkochen, die Trüffelstreifen und – wenn vorhanden – den Trüffeljus dazugeben. Mit der angerührten Speisestärke binden, mit der Hälfte der Butter montieren, mit Balsamico-Essig, Salz und Pfeffer abschmecken.
Die Knödelblätter im Ofen erwärmen und mit dem Lammzungenragout füllen.
Für die Sauce die restliche Kalbsglace mit Portwein und Trüffelfond zur gewünschten Konsistenz einkochen und abschmecken.
Die gefüllten Knödelblätter mit der Sauce umgießen und mit Zungen-, Sellerie- und Lauchstreifen garnieren.

Knödelblätter
Vier Portionen

300 g Toastbrot ohne Rinde
1 Schalotte, fein geschnitten
10 g Butter
Petersilie, Kerbel, Estragon; gezupft und fein geschnitten
8—10 cl Sahne
2 Eier, 1 Eigelb
Salz, Pfeffer, Muskat
50 g Brotwürfel, geröstet

Das Toastbrot in Zwei-Zentimeter-Würfel schneiden. Die Schalotte in Butter glasig andünsten, die Kräuter dazugeben und die Mischung zu den Brotwürfeln geben. Mit der lauwarmen Sahne übergießen, die Eier und das Eigelb unterziehen. Mit Salz, Pfeffer und frisch geriebener Muskatnuß abschmecken. Zuletzt die gerösteten Brotwürfel dazugeben. Den Knödelteig wie eine Wurst (7 Zentimeter Durchmesser) in Folie packen und im Wasserbad 35 Minuten pochieren.
Die pochierte Knödelmasse läßt sich bei der Weiterverarbeitung besser schneiden, wenn sie etwa drei Stunden im Kühlschrank durchgekühlt wurde.

Gefüllte Knödelblätter mit Lammbries und Pfifferlingen
Vier Portionen

12 Knödelblätter
250 g Lammbries
Salz, Pfeffer
Butter zum Braten
140 g kleine, feste Pfifferlinge, geputzt
20 wilde Spargelspitzen
1/4 l Geflügelfond
10 cl Crème double
20 g kalte Butter, in kleinen Stücken
Frisch geriebener Meerrettich
Champagner
1—2 EL geschlagene Sahne
Gezupfter Kerbel
4 EL Tomaten-Concassé

Das Lammbries in kochendes Salzwasser geben, sechs bis zehn Minuten ziehen lassen und sorgfältig parieren. Vor dem Anrichten in Butter goldgelb braten. Die Pfifferlinge dazugeben und würzen.
Die Spargelspitzen blanchieren, abschrecken und abtropfen lassen.
Für die Sauce den Geflügelfond um gut die Hälfte einkochen, die Crème double angießen und zur gewünschten Konsistenz reduzieren. Die kalte Butter mit dem Mixstab einschlagen, mit Meerrettich, einem Spritzer Champagner, Salz und Pfeffer abschmecken. Zum Schluß die geschlagene Sahne unterziehen.

Die Knödelblätter im Ofen erwärmen und mit dem Bries-Pfifferlings-Ragout füllen. Auf der Meerrettichsauce anrichten, mit den in Butter geschwenkten Spargelspitzen, gezupften Kerbelblättern und Tomaten-Concassé garnieren.

Kaninchen-Emincé auf süßer Kartoffel mit Shitake-Pilzen und Lauchzwiebeln
Vier Portionen

6 Kaninchenrückenfilets, ausgelöst
1 süße Kartoffel
2 EL geklärte Butter
150 g Shitake-Pilze
200 g Sojasprossen
15 kleine Lauchzwiebeln
Salz, weißer Pfeffer
Butter für die Form
10 cl Kaninchenjus
1 EL Honig
1/2 EL Sojasauce
1 EL frischer Ingwer, geraffelt
3 cl Öl
1 EL Sesamsamen, geschält und geröstet
Schnittlauch

Die Kaninchenrücken in Medaillons schneiden und leicht klopfen. Die Kartoffel schälen, der Länge nach in ein bis zwei Millimeter dicke Scheiben schneiden und in geklärter Butter von beiden Seiten goldgelb braten. Aus der Pfanne nehmen und auf Küchenkrepp abtropfen lassen.
Die Pilze putzen und in dünne Scheiben schneiden, die Sojasprossen waschen und die kleinen Wurzeln abzwicken. Die Zwiebeln waschen und in schräge Scheiben schneiden.
Die Kartoffelscheiben abwechselnd mit den Kaninchenmedaillons, Pilzen und Zwiebeln belegen. Würzen, in eine gebutterte Form setzen und im 180 bis 200 Grad heißen Ofen in sechs bis acht Minuten fertiggaren.
Den Kaninchenjus mit Honig, Soja und Ingwer abschmecken und die Kaninchenmedaillons während des Garens hin und wieder mit dem Jus nappieren.

In einer großen Pfanne das Öl erhitzen, die Sojasprossen, die restlichen Pilze und Zwiebeln hineingeben und andünsten. Die gerösteten Sesamsamen untermischen, mit Salz, weißem Pfeffer, Sojasauce und geraffeltem Ingwer abschmecken.
Die Kartoffelscheiben auf vorgewärmten Tellern anrichten, mit der Kaninchensauce umgießen und das Gemüse dazugeben. Mit grob geschnittenem Schnittlauch garnieren.

Im ganzen gebratene Kalbsniere auf Austernpilzen
Vier Portionen

2 mittelgroße Kalbsnieren
Öl und Butter zum Braten
160 g Austernpilze, geputzt
1/4 l kräftiger Kalbsfond
Petersilie
Salz, Pfeffer

Die Nieren sauber parieren und bis auf einen halben Zentimeter von der Nierenfettschale befreien. Mit wenig Öl in einen Schmortopf legen und im 200 Grad heißen Ofen rosa schmoren (20 bis 25 Minuten).
Die Austernpilze in Butter goldbraun braten und auf vorgewärmten Tellern kreisförmig anrichten. Die Nieren in Scheiben aufschneiden und in die Mitte legen. Mit dem reduzierten Kalbsfond beträufeln, mit Salz und Pfeffer leicht würzen und mit Petersilie garnieren.

Kalbsnieren-Nüßchen auf Graupengemüse
Vier Portionen

2 mittelgroße Kalbsnieren
Öl und Butter zum Braten
80 g Graupen
2 EL Karottenwürfel
2 EL Selleriewürfel
1 Schalotte, fein gehackt
1/4 l Kalbsjus
Estragonblätter, fein geschnitten
Salz, Pfeffer

Die Graupen in leicht gesalzenem Wasser weich kochen (ca. 30 Minuten) und anschließend kurz wässern.
Die Gemüse mit der Schalotte in Butter andünsten und die Graupen zugeben.
Die Nieren aus dem Fettmantel schälen und in Röschen zerteilen. In einer Öl-Butter-Mischung rosa braten, herausnehmen und auf Küchenkrepp abtropfen lassen. Das Nierenbratfett abschütten, das Graupengemüse in den Bratfond geben und mit dem Kalbsjus ablöschen. Die Estragonblätter dazugeben und abschmecken.
Das Graupengemüse auf vorgewärmte Teller verteilen und die Nieren darauf anrichten.

Kalbsbries „Rumohr"
Vier Portionen

500 g Kalbsbries
Salz, Pfeffer, Zitrone
400 g Lauch, nur das Hellgrüne
1 dl Crème double
1 Eigelb
4 frische schwarze Trüffeln, ca. 30 g pro Stück
1 dl Madeira
4 Scheiben Gänsestopfleber à 50 g
50 g geklärte Butter
1 TL Cognac
4 hauchdünne Scheiben Parmaschinken

Für den Strudelteig:
250 g Mehl
1 Ei
25 g Olivenöl
1/8 l lauwarmes Wasser
1 Prise Salz
Mehl zum Ausrollen
Ei zum Verkleben
Butter für das Blech

Für die Champagnersauce:
1 dl Geflügelfond, stark reduziert
2 dl Noilly Prat
1 dl Champagner Brut
12 grüne Pfefferkörner, zerdrückt
1 Schalotte, gewürfelt
2 dl Crème double
80 g Butter, in kleinen Stücken
Salz, Pfeffer

Das Kalbsbries am Vortag unter fließendem kaltem Wasser mehrere Stunden wässern, bis es vollkommen weiß ist. In reichlich Salzwasser aufkochen und etwa zehn Minuten ziehen lassen. Unter fließendem Wasser abschrecken, sauber parieren, zwischen zwei Teller legen, mit einem Gewicht beschweren und über Nacht pressen.
Am nächsten Tag das Bries in 50-Gramm-Medaillons schneiden, mit Salz, Pfeffer und Zitrone würzen. Den Lauch in sehr feine Streifen („Julienne") schneiden, in kochendem Salzwasser blanchieren, eiskalt abschrecken und abtropfen lassen. In einem Passiertuch gut abtrocknen. Die Crème double dickflüssig einkochen, die Lauchstreifen hineingeben und einmal kräftig aufkochen lassen. Vom Herd nehmen, mit dem Eigelb binden und nicht mehr kochen lassen. Abkühlen.
Die Trüffeln unter fließendem kaltem Wasser abbürsten, in Ein-Zentimeter-Scheiben schneiden, in eine Sauteuse legen und mit dem Madeira auffüllen. Drei Minuten dünsten und abgießen. Den Sud für die Sauce reservieren.
Die möglichst in gleiche Form wie das Bries geschnittenen Gänseleberscheiben von beiden Seiten schnell in Butter anbraten. Aus der Pfanne nehmen, mit Cognac beträufeln und leicht würzen.
Für den Strudelteig das Mehl auf die Arbeitsfläche sieben. Ei, Salz, Wasser und Öl in einer Schüssel verquirlen und unter das Mehl arbeiten. So lange kneten, bis ein halbweicher Teig entsteht, der nicht mehr an den Händen klebt. Den Teig zu einer Kugel formen, mit Öl bestreichen, in Klarsichtfolie einschlagen und mindestens 30 Minuten ruhen lassen.
Den Teig auf einem bemehlten Tuch zu einem Rechteck ausrollen und ausziehen. Den hauchdünnen Teig in vier 20x20-Zentimeter-Quadrate einteilen. Auf jedes Quadrat in Randnähe eine Scheibe Parmaschinken legen. Bries, Trüffelscheiben und Gänseleber darauf verteilen, oben und seitlich mit etwa 50 Gramm Lauchgemüse bedecken.

Den Parmaschinken darüberklappen und mit Hilfe des Tuches jedes Strudelquadrat zweimal um die Füllung rollen. Den überflüssigen Teig abschneiden, die Enden mit Ei bestreichen und nach unten einschlagen. Die Strudelpakete auf ein gebuttertes Backblech setzen und im 220 Grad heißen Ofen 35 Minuten backen.
Für die Sauce in einer Sauteuse den Geflügelfond mit Noilly Prat, der Hälfte des Champagners, den Pfefferkörnern und Schalottenwürfeln bis zur Dickflüssigkeit reduzieren. Die Crème double angießen, zu einer sämigen Sauce einkochen und durch ein Haarsieb passieren. Wieder aufkochen, den restlichen Champagner zufügen und mit den Butterstückchen montieren. Mit dem Trüffel-Madeirasud, Salz und Pfeffer abschmecken.
Die Sauce auf vorgewärmte Teller verteilen, jedes Strudelstück an der Spitze anschneiden und auf der Sauce anrichten.

Gebratenes Kaninchen mit Bärlauchcreme und Römischem Salat
Vier Portionen

1 Kaninchenrücken
30 g durchwachsener Bauchspeck zum Spicken
Salz, Pfeffer
Olivenöl zum Anbraten
1 Thymianzweig

Für die Kaninchensauce:
500 g Kaninchenparüren
2 EL Olivenöl
50 g Schalotten, gewürfelt
20 g Staudensellerie, gewürfelt
50 g Zwiebeln, gewürfelt
3 Champignonköpfe, in Scheiben
1 Tomate, gewürfelt
5–6 Pfefferkörner, zerdrückt
1–2 Thymianzweige
Meersalz
1/8 l Noilly Prat
1/8 l Champagner
1/8 l trockener Weißwein
1/2 l heller Kaninchenfond

Für die Bärlauchcreme:
10 kleine Bärlauchblätter
20 g Schalotten, fein gehackt
30 g Lauchzwiebeln, fein geschnitten
30 g Butter
1/4 l heller Kaninchenfond
1/8 l Crème double
Salz, Limonensaft

Für die Garnitur:
300 g Karotten, in Scheiben
300 g Lauchzwiebeln, in Scheiben
1 EL Olivenöl
3 Köpfe Römischer Salat
1/4 l Geflügelfond
Salz, Pfeffer
3 mittelgroße Kartoffeln, festkochend
30 g Butter
6–8 Champignonköpfe, in Scheiben
1 junge Lauchzwiebel (nur das Weiße), in Scheiben
Limonensaft

Den Kaninchenrücken an beiden Seiten der Länge nach vom Rückgrat lösen, dabei die Bauchlappen dranlassen. Das Fleisch mit dem Speck spicken und mit Salz und Pfeffer würzen. In Olivenöl mit dem Thymianzweig rundum anbraten, in den 180 Grad heißen Ofen stellen und in 15 bis 20 Minuten fertigbraten. Das Bratfett abschütten.
Für die Sauce die gehackten Parüren in Olivenöl anbraten. Die Gemüse und Gewürze dazugeben und alles gut andünsten. Das Fett abschütten, mit Noilly Prat, Champagner und Weißwein ablöschen. Völlig einkochen und mit dem hellen Kaninchenfond aufgießen. Eine Stunde bei kleiner Hitze ziehen lassen, entfetten und passieren. Mit der Sauce den Bratsatz vom Kaninchen ablöschen, noch einmal passieren und abschmecken.
Für die Bärlauchcreme die geschnittenen Blätter mit Schalotten und Lauchzwiebeln in Butter ohne Farbe andünsten. Mit dem Kaninchenfond aufgießen, einköcheln und mit der Crème double verfeinern. Zur gewünschten Konsistenz einkochen, aufmixen und passieren. Mit Salz und Limonensaft abschmecken.

Für den Römischen Salat die Karotten- und Lauchzwiebelscheiben in einem flachen Bräter mit Olivenöl kurz andünsten. Die Salatköpfe gut putzen, blanchieren, vierteln und auf das Gemüsebett setzen. Den Geflügelfond angießen, mit Salz und Pfeffer würzen. In den 180 Grad heißen Ofen stellen und etwa 25 Minuten schmoren. Die Kartoffeln schälen, in Scheiben schneiden, ausstechen und in Butter goldgelb braten.
Die Pilzscheiben in Butter braten und die Lauchzwiebelscheiben dazugeben. Mit Salz, Pfeffer und Limonensaft abschmecken.
Den Kaninchenrücken aufschneiden, mit der Sauce, der Bärlauchcreme und den Gemüsen anrichten.

Geschmortes Zicklein mit Schalotten und Bärlauchbutter
Vier Portionen

1 Zickleinschulter, ca. 450 g
1 Zickleinkeule, ca. 600 g
Salz, Pfeffer
Olivenöl zum Anbraten
1 Thymianzweig
16 Schalotten mit Schale
30 g Butter
5 g Rosmarin, sehr fein gehackt
5 g Thymian, sehr fein gehackt
1 Knoblauchzehe, sehr fein gehackt
1 Stück Orangenschale, sehr fein gehackt
1 Stück Zitronenschale, sehr fein gehackt

Für die Sauce:
500 g Zickleinparüren
2 EL Olivenöl
50 g Schalotten, gewürfelt
20 g Staudensellerie, gewürfelt
50 g Zwiebeln, gewürfelt
Concassé von einer Tomate
3 Champignonköpfe, in Scheiben
5–6 Pfefferkörner, zerdrückt
2 Thymianzweige
Meersalz
1 dl Weißwein
1 dl Champagner
3 dl Kalbsfond

Für die Bärlauchbutter:
8 kleine Bärlauchblätter
80 g Butter
Salz, weißer Pfeffer, Limonensaft

Keule und Schulter des Zickleins sorgfältig parieren, portionieren, mit Salz und Pfeffer würzen. Das Olivenöl mit dem Thymianzweig erhitzen, das Fleisch hineingeben und rundum anbraten. In den 220 Grad heißen Ofen stellen, die Schalotten dazugeben und 20 bis 25 Minuten schmoren. Während der Schmorzeit immer wieder etwas Wasser nachgießen, damit nichts verbrennt.
Am Ende der Schmorzeit in einem zweiten Bräter Butter aufschäumen und die geschmorten Zickleinteile hineinlegen. Den Bräter etwas schräg halten und die fein gehackten Kräuter in die Butter geben, damit sie ihr Aroma entfalten können. Mit dieser „Kräuter-Butter" das Zickleinfleisch überglänzen.
Für die Sauce die gehackten Parüren in Olivenöl anschwitzen, die Gemüse und Gewürze dazugeben. Im Ofen gut anziehen lassen und das Fett abschütten. Mit Weißwein und Champagner ablöschen. Die Flüssigkeit vollkommen einkochen und den Kalbsfond aufgießen. Eine Stunde ziehen lassen, entfetten und passieren.
Aus dem Bräter, in dem das Zicklein geschmort wurde, die Schalotten herausnehmen und die Schalen entfernen. Das Schmorfett abschütten und den Bratensatz mit der Zickleinsauce ablöschen. Kurz aufkochen, noch einmal passieren und abschmecken.
Für die Bärlauchbutter die Blätter waschen, blanchieren und in Eiswasser abschrecken. Die Butter aufschlagen, ein Drittel abnehmen, mit den gut abgetropften Bärlauchblättern fein mixen und durch ein Sieb drücken. Mit der restlichen Butter mischen, mit Salz, Pfeffer und Limonensaft abschmecken. Kühl stellen.
Das Fleisch auf heißen Tellern mit den Schalotten anrichten. Mit der Sauce nappieren und ein Stück Bärlauchbutter dazugeben.

Beuschel vom Kaninchen mit Palffyknödel und Wachtelei
Vier Portionen

Lungen und Herzen von acht Kaninchen
3 dl Rotwein
1 Bouquet garni
3 dl Kaninchenfond
1 Schalotte, fein geschnitten
1/2 Zwiebel, gewürfelt
1 Petersilienwurzel, gewürfelt
1 TL Kapern
1 Sardelle, gehackt
2 Cornichons
1 TL braune Mehlschwitze
Senf, Worcestershiresauce
Zitronensaft, Salz, Pfeffer
Leber, Nieren und Hirn von zwei Kaninchen
Butter zum Braten
Mehl und Ei zum Panieren
4 Wachteleier
Schnittlauch

Für die Knödel:
100 g altbackene, ungesüßte Brioches, ohne Rinde
1/2 Schalotte, gehackt
50 g Butter
Etwas warme Milch oder Sahne
1 Ei
Salz, Pfeffer, Muskat

Lungen und Herzen säubern und in Rotwein mit dem Bouquet garni gar kochen. Aus dem Fond nehmen, abkühlen lassen und in feine Streifen schneiden.
Den Rotweinfond mit der gleichen Menge Kaninchenfond aufkochen, die Schalotte, Zwiebel- und Petersilienwurzelwürfel, Kapern, Sardelle und ein kleingeschnittenes Cornichon dazugeben. Um die Hälfte einkochen und mit der Mehlschwitze binden. Mit Senf, Worcestershiresauce, Zitrone, Salz und Pfeffer abschmecken und passieren. Die Lungen- und Herzstreifen hineingeben. Die Nieren und Lebern in Butter rosa braten und leicht würzen. Die Hirne in Mehl wenden, durch verquirltes Ei ziehen und in Butter knusprig ausbacken.
Für die Knödel die Brioches in Würfel schneiden, in etwas Butter anschwitzen und abkühlen lassen. Die Schalotte in Butter andünsten, mit der warmen Milch und dem Ei zu den Briochewürfeln geben. Zu einem Teig verkneten, mit Salz, Pfeffer und Muskat abschmecken. Etwas ruhenlassen und vier kleine Knödel formen. In Salzwasser gar ziehen.
Die Wachteleier braten, das zweite Cornichon in feine Streifen schneiden. Das Kaninchen-Beuschel auf vorgewärmte Teller verteilen, Leber, Nieren, Hirn, Wachtelei und Palffyknödel darauf anrichten. Mit den Cornichonstreifen und Schnittlauch garnieren.

Geschnetzelte Innereien von der Gams
Vier Portionen

Leber, Nieren und Herz von einer Gams
Öl zum Anbraten
1/2 Zwiebel, gewürfelt
1/4 l kräftiger Fond (aus den Gamsknochen mit Röstgemüsen gezogen)
120 g kleine, feste Pfifferlinge, geputzt und in Butter angedünstet
50 g Speck, in Streifen
Majoran, Petersilie
Salz, Pfeffer
Etwas frisches Schweineblut
20–40 g kalte Butter, in kleinen Stücken
4 Steinpilzköpfe
Knoblauch

Leber, Nieren und Herz sauber putzen, in Streifen schneiden und in Öl scharf anbraten. Beim Braten die Pfanne ständig schwenken, damit die Streifen ringsum Hitze bekommen, aber nicht trocken werden können (sie sollen innen ganz leicht rosa bleiben). Die Zwiebeln dazugeben und mit dem Gamsfond ablöschen. Etwas reduzieren, Speckstreifen und Pfifferlinge zugeben. Mit Majoran, Petersilie, Salz und Pfeffer abschmecken. Zum Schluß etwas Schweineblut und die kalten Butterstückchen einrühren, das Geschnetzelte darf dann nicht mehr kochen.
Die Steinpilzköpfe mit einem Tuch abreiben, in Öl goldgelb braten, mit Salz, Pfeffer und ganz wenig Knoblauch würzen.
Die geschnetzelten Innereien auf heiße Teller verteilen und mit den Steinpilzköpfen garnieren.

Lamm-Crépinettes auf geschmortem Wirsing
Vier Portionen

1 Lamm-Karree, ca. 900 g
1 Schweinenetz, gut gewässert
1 EL Olivenöl
20 g Butter
1 Thymianzweig
1 Rosmarinzweig
1 Knoblauchzehe, leicht angedrückt
1/4 l Lammfond

Für die Füllung:
15 g Brotwürfel ohne Rinde
10 g Butter
25 g gekochter Schinken, gewürfelt
20 g Spinat, blanchiert, gut ausgedrückt und grob gehackt
1 Messerspitze Knoblauch, fein gehackt
Salz, Pfeffer, Muskat
Thymian
5 g Kerbel, geschnitten

Für die Garnitur:
1 Wirsingkohl
1–2 Bund junge Karotten
1 Bund junge Navets
120 g kleine Pfifferlinge
1 TL Schalotten, gehackt
Butter, Zucker
Salz, Peffer

Aus dem Lamm-Karree kleine Koteletts (ca. 80 Gramm pro Stück) schneiden, die Knochen sauber putzen, Fett und alle Sehnen sorgfältig entfernen. Die Koteletts leicht klopfen.
Für die Füllung die Brotwürfel in aufschäumender Butter knusprig braun rösten. Auf einem Sieb abtropfen lassen und die Butter auffangen. Den gewürfelten Schinken mit dem Spinat und dem Knoblauch in der „Brot"-Butter andünsten. Mit Salz, Pfeffer, Muskat und einer Prise Thymian würzen. Zum Schluß den Kerbel untermischen.
Das Schweinenetz auf einer mit Wasser befeuchteten Arbeitsplatte ausbreiten. Die Koteletts von beiden Seiten mit der Füllung bestreichen, entsprechende Schweinenetzstücke zurechtschneiden und die Koteletts rundum einwickeln.
In einer Pfanne mit dickem Boden Olivenöl und Butter hellbraun aufschäumen lassen, die Koteletts mit den Gewürzen (Rosmarin, Thymian, Knoblauch) hineinlegen. Auf jeder Seite etwa fünf Minuten knusprig braten und vor dem Anrichten fünf Minuten warm gestellt ruhenlassen.
Für die Sauce das Crépinettes-Bratfett abschütten, den Bratensatz (der nicht verbrannt sein darf) mit dem Lammfond ablöschen und zu einer kurzen, kräftigen Sauce reduzieren.
Für die Garnitur schöne Wirsingblätter in Salzwasser blanchieren, in Eiswasser abschrecken und gut abtropfen lassen. In wenig Butter schmoren und abschmecken.
Die Karotten und die Navets tournieren, blanchieren, eiskalt abschrecken und gut abtropfen lassen. Butter zerlassen, etwas Zucker darin schmelzen, die Gemüse hineingeben und etwas Geflügelfond angießen. Karotten und Navets glacieren und abschmecken.
Die Schalotten in Butter andünsten, die geputzten Pfifferlinge darin schwenken und abschmecken.
Die geschmorten Wirsingblätter auf vorgewärmte Teller verteilen, die Lamm-Crépinettes mit den Gemüsen darauf anrichten und mit der Sauce umgießen.

Gefüllte Taubenbrust im Schweinenetz mit Kartoffel-Crêpe
Vier Portionen

4 Tauben
Butter zum Braten
1 Schweinenetz, gewässert

Für die Füllung:
100 g Keulenfleisch
100 g Sahne
Salz, Pfeffer
100 g Gänseleber
2 cl weißer Portwein
8 Spinatblätter
40 g schwarze Trüffeln, in Scheiben

Für die Sauce:
Knochen und Parüren, Hälse und Innereien der Tauben
Öl zum Anbraten
2 Zwiebeln
1 Karotte
1 Staudensellerie
1 Stange Lauch
1 EL Tomatenmark
10 cl Rotwein
6 cl Portwein
1 cl Armagnac
4 Wacholderbeeren
12 Pfefferkörner
2 Nelken
1 Lorbeerblatt
1 Thymianzweig
1/2 l Geflügelfond
2 EL Trüffeljus
Salz, Pfeffer
2 EL kalte Butter

Für die Beilage:
6 Kartoffeln
Salz, Pfeffer, Muskat
200 g geklärte Butter
200 g Erbsenschoten
Butter zum Anschwenken

Die Tauben ausbeinen. Für die Füllung aus Keulenfleisch und Sahne im Küchenkutter eine geschmeidige Farce herstellen, abschmecken und kalt stellen. Die Gänseleber in Streifen schneiden, mit Salz, Pfeffer und Portwein marinieren. Die Spinatblätter blanchieren, in Eiswasser abschrecken und auf einem Tuch ausbreiten. Jede Taubenbrust auf der Innenseite einschneiden, die entstandene „Tasche" mit Spinat auslegen, dünn mit Farce bestreichen und mit Trüffelscheiben und Gänseleber füllen. Die Öffnung schließen und das Brustück mit dem Knochen der Keule in ein gut gewässertes Schweinenetz einschlagen. In den 200 Grad heißen Ofen stellen und in Butter rosa braten (sieben bis zehn Minuten).
Für die Sauce die Taubenknochen, Parüren und Innereien in Öl kräftig anbraten, die grob geschnittenen Gemüse, die Kräuter und Gewürze dazugeben und ebenfalls anrösten. Das Tomatenmark unterrühren und kurz mitrösten. Mit Rotwein, Portwein und Armagnac ablöschen und einkochen. Mit dem Geflügelfond auffüllen. Etwa dreißig Minuten köcheln lassen, durch ein feines Sieb passieren und eventuell noch etwas einkochen. Mit Trüffeljus, Salz und Pfeffer abschmecken, zum Schluß die kalte Butter einschwenken.
Für die Crêpes die Kartoffeln schälen und in feine Scheiben schneiden, mit Salz, Pfeffer und Muskat würzen. In feuerfeste Portionsformen schichten, mit geklärter Butter übergießen und im 200 Grad heißen Ofen knusprig ausbacken (ca. 20 Minuten). Herausnehmen und das Fett abgießen.
Die geputzten Erbsenschoten in Salzwasser blanchieren, kalt abschrecken, in Butter anschwenken und abschmecken.
Die gefüllte Taube aufschneiden, mit der Sauce, dem Kartoffel-Crêpe und den Erbsenschoten auf heißen Tellern anrichten.

Gepökelte Entenbrust auf Rübenkraut
Zwei Portionen

2 Entenbrüste
1 Zwiebel, mit Lorbeerblatt und Nelke gespickt

Für die Pökellake:
1 l Wasser
50 g Salz
50 g Pökelsalz (vom Metzger)
1 Thymianzweig
1 kleiner Rosmarinzweig
8 Wacholderbeeren, leicht angedrückt
20 Pfefferkörner, leicht angedrückt
2 Lorbeerblätter
4 Nelken
1 TL Senfkörner

Für das Rübenkraut:
1/2 l Wasser
1/2 l Rübenkrautsaft
300 g Rübenkraut (Rezept siehe unten)
150 g Butter

Für die Pökellake das Wasser mit den Gewürzen einmal kurz aufkochen und kalt werden lassen. Die parierten Entenbrüste in einen kleinen Steinguttopf geben und mit der passierten Lake übergießen. Acht bis zehn Tage im Kühlraum oder -schrank zugedeckt pökeln.
Vor dem Kochen die gepökelten Brüste für etwa eine Stunde in kaltes Wasser legen. Die gespickte Zwiebel mit Wasser aufkochen, die gewässerten Entenbrüste hineingeben und köcheln lassen, bis sie weich sind. Herausnehmen, die Haut abziehen und das Fleisch der Länge nach in feine Scheiben schneiden.
Für das Gemüse Wasser und Rübensaft aufkochen, das Rübenkraut hineingeben, bei sanfter Hitze köcheln und herausnehmen. Einen Viertelliter vom Kochfond abnehmen, kurz aufkochen und mit der Butter binden. Das Kraut hineingeben und einmal kräftig durchschwenken.
Das Kraut auf vorgewärmte Teller verteilen und die Entenbrustscheiben darauf anrichten.

Rübenkraut

Von weißen Rüben (Navets) Kraut und Stiele abschneiden, die Rüben gründlich waschen und mit dem Krauthobel wie Sauerkraut schneiden.
Eine dünne Lage geschnittene Rüben in einen Steinguttopf geben und wenig salzen. Die nächste Lage auffüllen, wieder salzen und die Schichten sehr fest zusammendrücken. Das Einschichten und Salzen fortsetzen, bis der Topf fast gefüllt ist. Die Lagen immer wieder fest andrücken, zum Schluß soll der eigene Saft nach oben kommen. Den Topf mit einem frischen Leinentuch abdecken, mit einem Deckel verschließen und den Deckel mit einem schweren Gegenstand beschweren. Den Topf für sechs bis acht Wochen in einen kühlen Raum (Keller) stellen. Alle acht bis zehn Tage das Tuch wechseln, den Topfrand säubern und etwas frisches Wasser angießen. Wenn das Rübenkraut gut durchgezogen ist, kann man es roh oder gekocht servieren. Wichtig: Das Kraut darf nicht zu lange kochen.

Lammrücken mit Auberginenfüllung im Zucchinimantel
Vier Portionen

1 Lammrücken, ca. 1,2 kg
2 große Auberginen
1 rote Paprika
1 gelbe Paprika
Olivenöl zum Anbraten
3 Knoblauchzehen
3 Thymianzweige
Salz, Pfeffer aus der Mühle
2 EL Petersilie, fein gehackt
1 EL Estragon, fein geschnitten
Schale einer Zitrone, blanchiert und fein geschnitten
100 g Butter
3 Zucchini
Öl zum Braten
15 cl Lammjus
Kalte Butter für die Sauce

Die Paprika und Auberginen schälen, in nicht zu kleine Würfel schneiden, in Olivenöl zusammen mit einer feingehackten Knoblauchzehe und einem Thymianzweig andünsten. Würzen und auskühlen lassen.
Für die Kräuterbutter Petersilie, Estragon, Zitronenschalenstreifen und eine feingehackte Knoblauchzehe mit der handwarmen Butter mischen.
Die Zucchini der Länge nach in einen Millimeter dünne Scheiben schneiden, in Öl leicht kroß braten, mit Salz und geriebenem Thymian würzen.
Den Lammrücken mit der Fettseite nach unten auf die Arbeitsfläche legen und unter den Knochen eine etwa zwei Zentimeter tiefe Tasche in das Fleisch schneiden. Mit der Paprika-Auberginen-Mischung füllen und das Fleisch mit der Kräuterbutter einstreichen, dabei auch etwas von der Butter in die „Tasche" geben. Den Lamm-

rücken mit den angebratenen Zucchinischeiben belegen.
Den gefüllten Rücken mit der Hautseite nach unten in eine heiße Pfanne legen. Eine ungeschälte, angedrückte Knoblauchzehe und einen Thymianzweig dazugeben. Im 220 Grad heißen Ofen 12 bis 15 Minuten braten, das Fleisch während der Bratzeit hin und wieder begießen. Nach dem Braten mit Alufolie abdecken und vor dem Aufschneiden fünf Minuten ruhenlassen.
Für die Sauce Lammjus erwärmen, die kalten Butterflocken einschwenken und abschmecken.
Den Lammrücken aufschneiden und die Scheiben mit der Sauce anrichten.

Spanferkelrücken auf jungem Kohl mit Saubohnen
Vier Portionen

2 Spanferkelrücken (ideal sind 12 bis 14 Wochen alte Milchferkel)
Salz, Pfeffer, Muskat
2 junge Kohlköpfe
40 g Zucker
2 EL Obstessig
30 g Schweineschmalz
200 g ausgelöste Saubohnen
150 g Butter
50 g Speckwürfel

Gewürze für den Spanferkelrücken:
2 Knoblauchzehen
Etwas Zitronenschale, blanchiert und fein gehackt
1/2 TL frischer Majoran
1/2 TL gehackter Kümmel
1/2 TL edelsüßer Paprika

Die beiden Spanferkelrücken mit der Fettseite nach unten auf die Arbeitsfläche legen und so auslösen, daß die Rippenknochen (ohne Rückgrat) nur auf einer Seite vorhanden sind. Mit den Gewürzen einreiben, acht bis zehn Stunden ziehen lassen und salzen. In der Mitte vom Rücken her mit einem scharfen Messer einschneiden und die Rippenknochen von unten durchziehen. Die Rücken von außen würzen und mit der Hautseite auf die ausgelösten, gehackten Knochen setzen.
Im 210 bis 220 Grad heißen Ofen langsam schmoren (45 bis 50 Minuten), dabei öfter mit Wasser ablöschen.
Den Kohl in größere Rauten schneiden und in Salzwasser blanchieren. Den Zucker schmelzen, mit Essig ablöschen und das Schmalz dazugeben. Den blanchierten Kohl darin garen, dabei, falls erforderlich, etwas Flüssigkeit angießen. Würzen.
Die Saubohnen in Salzwasser blanchieren und aus der äußeren Haut pellen. Die Speckwürfel in Butter anbraten, die Saubohnen dazugeben und gar dünsten.
Die Spanferkelrücken aus dem Ofen nehmen und in Scheiben aufschneiden. Den Schmorfond passieren und abschmecken.
Den Kohl und die Bohnen auf Teller verteilen, die Fleischscheiben in der Mitte anrichten und mit dem Schmorfond nappieren.

Kalbsfilet mit gefüllten Artischocken und Kartoffel-Lauch-Chips
Vier Portionen

8 Medaillons vom Kalbsfilet à 70 g
15 cl Kalbsjus
100 g Butter
Salz, Pfeffer aus der Mühle

Für die Chips:
2 Lauchstangen
Butter, Salz
1/2 Bund glatte Petersilie
4 Kartoffeln, festkochend
1/16 l Öl

Für die Artischocken:
24 kleine, violette Artischocken (aus Italien)
Saft einer halben Zitrone
120 g Farce (Rezept siehe unten)
1/16 l Olivenöl, erste Pressung
Weißer Pfeffer
1–2 Knoblauchzehen
1 Thymianzweig

Für die Artischocken-Farce (ca. 500 g):
200 g Geflügelfleisch
80 g Speck
Salz, Pfeffer aus der Mühle
80 g Gänsestopfleber
2 cl Madeira
50 g gehackte Artischockenstiele
50 g Nußbutter
10 cl Sahne

Die Lauchstangen halbieren, gut waschen und das Weiße fein würfeln. Die Würfel in wenig Butter andünsten, leicht salzen und mit etwas Wasser aufgießen. Die Lauchwürfel weich dünsten und mit der gehackten Petersilie mischen.
Die Kartoffeln schälen, in dünne Chips schneiden und rund (Durchmesser: vier Zentimeter) ausstechen. Die Chips in reichlich Öl in der Pfanne braten (ohne daß die Scheiben Farbe nehmen), auf einem Sieb abtropfen lassen und auf einem Blech auslegen. Auf die Hälfte der Chips etwas Lauch geben und mit den restlichen Chips belegen. Vor dem Anrichten unter dem Salamander goldgelb werden lassen und leicht salzen.
Von den Artischocken die äußeren Blätter entfernen und das „Heu" herauskratzen. In Zitronenwasser legen, damit die Artischocken nicht braun werden.
Für die Füllung Fleisch und Speck durch die feine Fleischwolfscheibe drehen, salzen und kühlen. Die Gänseleber ohne Fett kurz anbraten, mit dem Madeira ablöschen und kalt stellen. Die fein gehackten Artischockenstiele in der Nußbutter braten und kalt stellen.
Die eiskalte Fleisch-Speckfarce und die kalte Gänseleber in den vorgekühlten Küchenkutter geben und mixen, nach und nach die Sahne einarbeiten. Wieder kühlen, durch ein Haarsieb in eine Schüssel streichen und auf Eis stellen. Die kalten Artischockenstiele zugeben und abschmecken.
Die Artischocken mit der kalten Farce füllen und in eine feuerfeste Form legen. Mit Olivenöl umgießen, mit Salz, Pfeffer, Knoblauch und Thymian würzen und im 200 Grad heißen Ofen braten.
Die Kalbsmedaillons in einer Öl-Buttermischung langsam braten, mit Salz und Pfeffer würzen. Das Fleisch herausnehmen und den Bratensatz mit dem Kalbsjus ablöschen. Etwas einköcheln und mit kalten Butterflocken aufmontieren.
Die Kalbsmedaillons auf vorgewärmten Tellern anrichten und mit der Sauce nappieren. Die gefüllten Artischocken und die Kartoffel-Lauch-Chips rundherum verteilen.

Kalbsbrustspitzen und Kalbskopf in Riesling mit Palffyknödeln
Vier Portionen

2 Kalbsbrustspitzen
200 g Kalbskopfmaske
Etwas Zitronensaft
5 dl Kalbsfond
1 dl Riesling
Salz, Pfeffer

Für die Knödel:
500 g ungesüßte Brioches
120 g Butter
1/8 l Sahne
1 mittelgroße Zwiebel, gewürfelt
2 Eier
4 EL Petersilie, gehackt
1 TL Majoranblätter, gezupft
Salz, Muskat
2 EL Butter
3 EL Weißbrot ohne Rinde, frisch gerieben

Für die Gemüse:
200 g frische Morcheln
200 g frische kleine Pfifferlinge
2 EL Butter
Salz, Pfeffer

Die Kalbsbrustspitzen parieren, die Knorpel entfernen und würzen. Die Kalbskopfmaske wässern und mit Zitronensaft einreiben. Kalbsbrust und Kalbskopf in einen gewässerten Römertopf legen, mit dem kochendheißen Kalbsfond und mit dem Riesling übergießen. Zugedeckt in den vorge-

heizten Backofen stellen; die ersten 15 Minuten bei 200 Grad, dann 135 Minuten bei 160 Grad garen. Den Topf herausnehmen, warm stellen und zehn Minuten ruhenlassen.
Für die Knödel die Brioches entrinden und in Ein-Zentimeter-Würfel schneiden, in Dreiviertel der Butter goldgelb rösten, abkühlen lassen und mit der Hälfte der Sahne begießen. Die Zwiebelwürfel in der restlichen Butter goldgelb andünsten, mit der restlichen Sahne auffüllen, zwei Minuten köcheln lassen und zu der Brioche-Masse geben. Die Eier und die Kräuter zufügen, gut durchkneten und mindestens 30 Minuten ruhenlassen. Acht gleich große Knödel formen. Reichlich Salzwasser aufkochen, die Hitze reduzieren, die Knödel hineinlegen und in zwölf Minuten gar ziehen (nicht kochen). Herausnehmen und gut abtropfen lassen.
Für die Garnitur die geputzten Pilze in Butter anschwenken und würzen. Die Weißbrotbrösel in Butter goldgelb rösten.
Kalbsbrust und Kalbskopf in gleichmäßige Scheiben schneiden und mit den Pilzen auf heißen Tellern anrichten. Mit etwas abgeschmecktem Schmorfond nappieren. Die Knödel neben dem Fleisch anrichten und mit Weißbrotbröseln garnieren.

Kalbskotelett mit „Feinem vom Kalb" und Lauch
Vier Portionen

4 Kalbskoteletts à 150 g; ca. 1 cm dick
Salz, Pfeffer
1 EL Öl, 20 g Butter
4 blanchierte Lauchstreifen, ca. 30 cm lang
20 Lauchscheiben, ca. 5 mm dick
20 Petersilienwurzelscheiben, ca. 2 mm dick
1/4 l Rotwein
4 cl Portwein

Für die Füllung:
1 Kalbsschwanz, ca. 250 g
100 g Kutteln
10 g Butter
1 EL Öl
Salz, Pfeffer
1/8 l Weißwein
1/4 l Gemüsefond
160 g Kalbsbries, sorgfältig pariert, blanchiert und gewürfelt
2 EL Lauch, fein gewürfelt
1 EL Petersilie, gehackt

Für die Sauce (ca. 1/2 l):
350 g Kalbsknochen
Öl zum Anrösten
100 g Röstgemüse (Karotten, Staudensellerie, Zwiebeln, Schalotten)
1/2 EL Tomatenmark
1 Thymianzweig
1 Rosmarinzweig
1 Lorbeerblatt
1/2 Knoblauchzehe, angedrückt
4 Nelken
3 Wacholderbeeren
8 Pfefferkörner, zerdrückt
10 cl Weißwein
1 l leichter, heller Kalbsfond
Salz, Pfeffer
40 g Butter

Für die Sauce die Knochen im 220 Grad heißen Ofen in Öl rösten. Wenn sie hellbraun sind, erst die Röstgemüse, dann das Tomatenmark und die Gewürze dazugeben. Wenn die Gemüse Farbe haben, die Knochen kurz herausnehmen, auf einem Sieb abtropfen lassen und in den Topf zurückgeben. Mit dem Weißwein ablöschen, vollkommen einkochen lassen und mit dem hellen Kalbsfond auffüllen. Vier bis fünf Stunden leicht köcheln lassen, passieren und die Sauce noch einmal aufkochen.
Für die Füllung den Kalbsschwanz in Stücke schneiden, weich kochen und auslösen. Die Kutteln in kleine Würfel schneiden, in Öl und Butter anschwitzen, würzen, mit dem Weißwein und dem Gemüsefond auffüllen und köcheln lassen. Nach zehn Minuten das Bries und die Lauchwürfel dazugeben und weiterköcheln. Kurz bevor die Flüssigkeit verkocht ist, die Kalbsschwanzstückchen dazugeben. Abkühlen lassen, die Petersilie unterrühren und das Ragout noch einmal abschmecken.
Die Koteletts leicht klopfen und die Knochenspitze sauber putzen. Beidseitig würzen und an der Fleischseite die Lauchstreifen (ca. 2 cm hoch) anlegen und mit einem kleinen Spieß am Knochen vorbei befestigen.
Öl und Butter in einer flachen Bratpfanne erhitzen, die Koteletts hineinlegen und das Ragout einfüllen. Im 200 bis 220 Grad heißen Ofen sechs bis acht Minuten braten. Die Lauchscheiben zwei Minuten von jeder Seite mitbraten.
Am Ende der Bratzeit die Koteletts herausnehmen, das Fett abschütten und den Bratfond mit der Sauce loskochen. Eventuell noch etwas einköcheln, abschmecken und zum Schluß die kalte Butter einschwenken.
Die Petersilienwurzelscheiben in einem flachen Topf in Rot- und Portwein köcheln, bis der Wein vollkommen verkocht ist.
Die gefüllten Kalbskoteletts mit der Sauce und den Gemüsescheiben anrichten.

Topfenknödel mit Herzkirschen
Vier Portionen

1 Eigelb
2 Eier
1 Prise Salz
Abgeriebene Schale einer unbehandelten Zitrone
30 g Butter
30 g Puderzucker
125 g Weißbrot ohne Rinde, fein gewürfelt
400 g Quark (20 %)
Salzwasser
40 g Butter
100 g Weißbrot ohne Rinde, frisch gerieben
2 EL Zucker

Für die Kirschen:
500 g Herzkirschen
2,5 dl Rotwein
1/2 dl schwarzer Kirschsaft
50 g Zucker
Mark einer Vanilleschote
1 Zimtstange
2 Nelken
1 TL Puddingpulver
1 cl Kirschwasser
Zitronensaft

Eigelb, Eier, Salz und Zitronenschale schaumig rühren. Die Butter mit dem Puderzucker schaumig schlagen, nach und nach zur Eimasse geben und gut verrühren. Die Weißbrotwürfel unterheben und mindestens 30 Minuten quellen lassen. Zum Schluß den Quark vorsichtig unterheben, eine Stunde ruhenlassen und acht gleich große Knödel formen.
Salzwasser aufkochen, die Knödel hineinlegen, sofort die Hitze reduzieren (weil die Knödel nicht kochen dürfen) und in zwölf Minuten gar ziehen. Herausnehmen und auf einem Tuch abtropfen lassen.
Das geriebene Weißbrot in aufschäumender Butter goldgelb rösten.
Den Rotwein mit Kirschsaft, Zucker und den Aromen aufkochen und auf drei Deziliter einkochen. Vanille, Zimt und Nelken herausnehmen.
Das Puddingpulver mit etwas Kirschwasser verrühren und damit die Kirschsauce leicht binden. Die entsteinten Kirschen in die heiße Sauce geben und ziehen lassen. Mit etwas Zitronensaft abschmecken.
Die Knödel mit dem warmen Kirsch-Ragout auf vorgewärmten Tellern anrichten und mit Bröseln und Zucker bestreuen.

Wiener Flora-Krapfen mit Himbeeren
Vier Portionen

60 g Walnüsse, gerieben
20 g Puderzucker
Mark einer halben Vanilleschote
1 Prise Zimt
1/2 Eiweiß
1 1/2 Eiweiß
50 g Zucker
2 EL Puderzucker

Für die Himbeersauce:
225 g frische Himbeeren
60 g Puderzucker
2 cl Himbeergeist
1,25 dl Sahne
1 EL Zucker

Für die Garnitur:
Puderzucker
Schöne Himbeeren
Kleine Minzeblätter

Die Walnüsse mit Puderzucker, Vanillemark, Zimt und dem halben Eiweiß verrühren. Die eineinhalb Eiweiß anschlagen, den Zucker zugeben, zu festem Schnee schlagen, nach und nach unter die Walnußmasse heben. In einen Spritzbeutel mit glatter Tülle füllen und auf ein mit Backpapier ausgelegtes Backblech acht gleich große Krapfen spritzen. Mit Puderzucker besieben.
Den Backofen auf 80 bis 100 Grad vorheizen, das Blech hineinstellen und die Krapfen bei leicht geöffneter Tür mehr trocknen als backen. Sobald sie sich vom Backpapier leicht lösen (nach etwa zwei bis drei Stunden), herausnehmen, abkühlen lassen und trocken lagern.
Die gewaschenen, gut abgetropften Himbeeren durch ein feines Haarsieb passieren und den Puderzucker unter den Saft rühren. Die Sauce halbieren; in die eine Hälfte den Himbeergeist einrühren, die zweite Hälfte der Sauce für die Füllung der Krapfen verwenden.
Die Sahne mit dem Zucker fest aufschlagen, nach und nach die für die Füllung reservierte Sauce unter die Sahne heben.
Große Teller mit Puderzucker bestäuben, an eine Seite einen Tupfer Himbeersahne spritzen, darauf vier Krapfen setzen und mit der restlichen Himbeersahne bestreichen. Mit vier Krapfen abdecken und mit Puderzucker besieben. Einen Löffel Himbeersauce mit Himbeergeist dazugeben und mit ein paar Tropfen Sahne verzieren. Mit Himbeeren und Minze garnieren.

Schoko-Omelette mit Orangen
Vier Portionen

25 g Butter
20 g Mehl
10 g Kakao
1,2 dl Milch
1 Prise Salz
Mark einer halben Vanilleschote
3 Eigelb
2 cl Kakaolikör
3 Eiweiß, 35 g Zucker
30 g geklärte Butter

Für das Orangen-Ragout:
2 Orangen
Saft von zwei Orangen, frisch gepreßt
Abgeriebene Schale einer halben unbehandelten Orange
100 g Zucker
2 Nelken
2 cl Whisky

Für die Saucen:
100 g Zartbitter-Schokolade
1,5 dl Sahne
5 cl Orangenlikör
1 dl Sahne, 1 TL Zucker
Kakao für die Teller

Die zimmerwarme Butter mit dem Mehl und dem Kakao verkneten. Die Milch mit Salz und Vanillemark aufkochen, nach und nach die Mehl-Kakaobutter zufügen. Unter Rühren köcheln lassen, bis sich die Masse vom Boden des Topfes löst. Leicht abkühlen lassen, die Eigelb und den Kakaolikör unterrühren.
Die Eiweiß mit dem Zucker zu steifem Schnee schlagen, erst ein Drittel, dann den restlichen Eischnee unter die Omelettemasse heben.
In vier kleinen Pfannen die geklärte Butter erhitzen, die Omelettemasse in die Pfannen verteilen, in den 200 Grad heißen Backofen stellen und acht bis zehn Minuten backen.
Die Orangen filieren. Den Saft mit der abgeriebenen Schale, Zucker und Nelken dickflüssig einkochen. Die Nelken herausnehmen und den Sirup abkühlen lassen. Mit Whisky abschmecken und die Orangenfilets hineinlegen.

Für die dunkle Sauce die Schokolade über nicht zu heißem Wasserdampf schmelzen. Die Sahne erwärmen, lauwarm unter die geschmolzene Schokolade rühren und mit Orangenlikör abschmecken.
Für die helle Sauce die Sahne mit etwas Zucker leicht anschlagen.
Große Teller mit Kakao bestäuben und ein gebackenes Omelette in die Mitte setzen. Mit den beiden Saucen nappieren und das Orangen-Ragout dazugeben.

Backpflaumen in Cassis mit Mohnmousse
Vier Portionen

12 Backpflaumen
0,35 l Rotwein
100 g Zucker
Mark einer halben Vanillestange
1/2 Zimtstange
2 Orangenscheiben
1 Zitronenscheibe
Etwas Stärke zum Binden

Für die Mohnmousse:
50 g Mohn, gemahlen
1 dl Rotwein
200 g weiße Kuvertüre
1 Ei, 1 Eigelb
2 1/2 Blatt Gelatine, kalt eingeweicht
5 dl Sahne, geschlagen

Für die Cassissauce:
250 g schwarze Johannisbeeren, entstielt
4 cl Crème de Cassis
Saft einer halben Orange
1,5 dl Rotwein
1/2 Zimtstange
100 g Zucker

Für die Garnitur:
1/4 l Mangosauce
1/4 l Himbeersauce
1 dl Natur-Joghurt, mit Zucker und Zitrone abgeschmeckt
Orangenschalenstreifen
Puderzucker, Pistazien

Für die Backpflaumen den Rotwein mit allen Aroma-Zutaten aufkochen und mit Stärke binden. Heiß über die Pflaumen passieren und über Nacht ziehen lassen.
Für die Cassissauce die Johannisbeeren waschen, trocknen und in eine Sauteuse geben. Crème de Cassis, Orangensaft, Rotwein, Zimt und Zucker zufügen. Aufkochen, fünf Minuten köcheln lassen, mit dem Mixstab pürieren und durch ein feines Haarsieb passieren.
Für die Mousse den frisch gemahlenen Mohn in Rotwein kochen, dabei soll die Flüssigkeit vollkommen einkochen. Die Kuvertüre über einem nicht zu heißen Wasserbad schmelzen und mit dem Mohn mischen.
Ei und Eigelb in einer Schüssel cremig rühren und über Wasserdampf schaumig aufschlagen. In die noch warme Masse die gut ausgedrückte Gelatine und die warme Mohn-Kuvertüre-Mischung rühren. Sobald die Masse anzieht, die geschlagene Sahne unterheben. Die Mousse etwa fünf Zentimeter hoch in ein flaches Gefäß füllen und kühl stellen.
In die Mitte großer Teller einen Spiegel aus Cassissauce gießen, die andersfarbigen Saucen rundum verteilen und dekorativ ineinander ziehen. Jeweils vier marinierte Backpflaumen und zwei ausgestochene Mohnmousse-Nocken auf der Cassissauce anrichten und mit Orangenschalenstreifen garnieren. Die Tellerränder mit Puderzucker und fein gehackten Pistazien bestreuen.

Beerensülze
Sechs bis acht Portionen

1 kg Himbeeren
180 g Zucker
Zitronensaft
9 Blatt Gelatine
160 g Himbeeren
150 g Walderdbeeren
100 g Heidelbeeren
90 g rote Johannisbeeren

Für die Garnitur:
200 g Himbeeren
100 g Heidelbeeren
Zucker, Zitrone

5 dl Naturjoghurt
5 EL Zucker
4 EL gemischte Beeren, Minze

Für die Sülze die Himbeeren waschen, abtrocknen und mit dem Mixstab pürieren. Das Püree in ein mit einem Tuch ausgelegtes Passiersieb geben und den klaren Himbeersaft abtropfen lassen (das dauert mehrere Stunden). Den Saft mit Zucker und Zitrone abschmecken, leicht erwärmen und die kalt eingeweichte, gut ausgedrückte Gelatine unterrühren.
Timbalformen (ca. 1,5 dl Inhalt) in Eiswasser stellen und mit dem kalten, noch leicht flüssigen Gelee ausgießen (um Böden und Seiten mit einem Geleefilm zu überziehen).
Die Formen mit den gewaschenen frischen Früchten bunt gemischt füllen und mit dem leicht flüssigen Gelee ausgießen. Kalt stellen und erstarren lassen.
Für die Garnitur Himbeeren und Heidelbeeren getrennt pürieren, durch ein feines Haarsieb streichen und abschmecken. Den Joghurt mit Zucker und Zitrone glattrühren und abschmecken.
Die Joghurtsauce auf Teller verteilen, mit der Heidelbeer- und der Himbeersauce verzieren. Die Timbalformen kurz in heißes Wasser tauchen, stürzen und die Beerensülze auf den Saucen anrichten. Mit gezuckerten frischen Beeren und Minze garnieren.

Grieß-Soufflé mit Aprikosen
Sechs Portionen

40 cl Milch, 60 g Butter
50 g Zucker
Zitrone, Ingwer, Salz
70 g Grieß
4 Eigelb
5 Eiweiß
Butter und Zucker für die Formen
Puderzucker

Für die Aprikosen:
25 Aprikosen, 1/4 l Weißwein
1/4 l Wasser, 250 g Zucker
Mark einer Vanillestange
Brombeeren für die Garnitur

Die Aprikosen in kochendem Wasser kurz blanchieren, in Eiswasser abschrecken und die Haut abziehen. Sieben Aprikosen zu Mark verarbeiten, d. h. entkernen, im Mixer pürieren und durch ein feines Sieb passieren. Aus Weißwein, Wasser, Zucker und Vanille einen Sirup kochen und die restlichen Aprikosen darin gar ziehen. Die Früchte abkühlen lassen, halbieren und entkernen.
Für das Soufflé die Milch mit der Butter und der Hälfte des Zuckers, etwas Zitrone, Ingwer und einer Prise Salz aufkochen. Den Grieß dazugeben und ähnlich einer Brandteigmase „abrösten". Die Eigelb unter die Masse rühren. Die Eiweiß mit dem restlichen Zucker aufschlagen und unterheben. Souffléformen buttern, mit Zucker ausstreuen und und knapp bis zum Rand mit der Grießmasse füllen. In ein Wasserbad stellen und im 200 Grad heißen Ofen 25 bis 30 Minuten pochieren.
Die Aprikosenhälften auf Tellern anrichten und mit dem Aprikosenmark überziehen. Die Soufflés in die Mitte stürzen, mit Puderzucker bestäuben und mit Brombeeren garnieren.

Lebkuchen-Soufflé mit Altbier-Sabayon und Preiselbeeren
Sechs Portionen

80 g dunkle Kuvertüre
80 g Butter, 40 g Zucker
4 Eigelb
140 g Oblaten-Lebkuchen
4 cl lauwarme Milch
1 Messerspitze abgeriebene Zitronenschale
60 g Walnüsse, gehackt
4 Eiweiß, 10 g Zucker
Butter und Zucker für die Formen

Für das Sabayon:
1/8 l Altbier
20 g Zucker
Saft einer halben Zitrone
1 Messerspitze Zimt
4 Eigelb

Für die Preiselbeeren:
500 g frische Preiselbeeren
200 g Zucker

Die Kuvertüre im Wasserbad auflösen. Butter und Zucker schaumig schlagen, die Eigelb und die flüssige Schokolade nach und nach hineinrühren.
Die Oblaten-Lebkuchen raspeln, mit der lauwarmen Milch anfeuchten und zusammen mit der abgeriebenen Zitronenschale und den gehackten Nüssen unter die Eigelbmasse mengen.
Die Eiweiß mit Zucker zu festem Schnee aufschlagen, erst ein Viertel, dann den Rest unter die Soufflémasse heben.
Sechs Souffléformen buttern und mit Zucker (oder einer Grieß-Zuckermischung) ausstreuen. Die Formen bis knapp unter den Rand füllen. In ein Wasserbad stellen und im 200 Grad heißen Ofen 25 bis 30 Minuten gar ziehen.
Alle Zutaten für das Sabayon in eine Schüssel geben und über Dampf schaumig aufschlagen.
Die Preiselbeeren verlesen und waschen. Den Zucker zugeben und mit dem Schneebesen (oder dem Rührgerät der Küchenmaschine) so lange verrühren, bis sich der Zucker vollkommen aufgelöst hat. Es empfiehlt sich, die Preiselbeeren in größeren Mengen auf Vorrat zu machen, sie halten sich problemlos einige Wochen im Kühlschrank und passen wunderbar zu vielen Wildgerichten.
Die Lebkuchen-Soufflés auf Teller stürzen, mit dem Sabayon übergießen und mit je einem Löffel gerührter Preiselbeeren garnieren.

Gefüllte Orangenhippen mit Erdbeeren und Minzsauce
Vier Portionen

120 g Butter
60 g Mehl
125 g Mandelblätter
200 g Zucker
100 g Orangensaft
Abgeriebene Orangenschale
100 g Mandelblätter zum Bestreuen

Für den Cremesockel:
5 Eigelb
30 g Zucker
250 g Milch
70 g Zucker
Mark einer Vanilleschote
3,5 Blatt Gelatine
250 g geschlagene Sahne

Für die Erdbeersahne:
200 g geschlagene Sahne
50 g Himbeermark, gesüßt
20 g Orangenlikör
250 g Erdbeeren, halbiert und gezuckert

Für die Minzsauce:
4 reife Birnen, 80 g Zucker
Mark einer halben Vanillestange
1/2 Bund frische Minze
10 g Minzlikör

Für die Hippen die Butter in einer Sauteuse schmelzen und vom Herd nehmen. Mehl, Mandelblätter und Zucker mischen, den Orangensaft und die abgeriebene Orangenschale dazugeben. Die abgekühlte, aber noch flüssige Butter unter die trockene Masse arbeiten und über Nacht im Kühlschrank abgedeckt ruhenlassen.
Zum Backen die Hippenmasse mit Hilfe einer runden Schablone (Durchmesser etwa acht Zentimeter) auf ein geöltes Backblech streichen und mit Mandelblättern bestreuen. Im 200 Grad heißen Ofen drei bis vier Minuten backen. Nach kurzer Abkühlzeit die Hippen vom Blech lösen.
Für die Creme Eigelb und Zucker auf einem Warmwasserbad cremig aufschlagen. Die Milch mit Zucker und Vanille aufkochen, die Eigelb-Zuckermasse dazugeben. Unter Rühren „zur Rose" abziehen und die eingeweichte, gut ausgedrückte Gelatine hineinrühren. Passieren und bis kurz vor dem Stocken auf Eis kalt rühren. Die geschlagene Sahne vorsichtig unterheben, die Creme in Acht-Zenti-

meter-Ringe füllen und für mindestens vier bis fünf Stunden kalt stellen.
Die Sahne für die Füllung sehr fest aufschlagen, das Himbeermark und den Orangenlikör unterheben. Zum Schluß die Erdbeeren dazugeben.
Für die Sauce die Birnen schälen, vierteln und entkernen. Den Zucker karamelisieren, die Birnen dazugeben und weichkochen. Die gezupften Minzblätter zu den weichen Birnen geben, zehn Minuten ziehen lassen und passieren. Die Sauce mit dem Minzlikör abschmecken und kalt stellen.
Die Creme in die Mitte des Tellers stürzen und mit einem Hippenblatt belegen. Darauf zwei Eßlöffel Erdbeersahne geben und mit einer Orangenhippe abdecken. Mit der Minzsauce umgießen und mit einem Minzblatt garnieren.

Schokoladenblätterteig mit Tee-Mousse und Nougateis
Vier Portionen

500 g Mehl
30 g Kakao
1 Ei
250 g Butter
170 g Wasser
1 Prise Salz
250 g kalte Butter
Kakao zum Bestäuben

Für die Tee-Mousse:
30 g schwarzer Tee
250 g Milch
250 g Sahne
5 Eigelb
125 g Zucker
5 Blatt Gelatine
250 g geschlagene Sahne

Für das Nougateis:
300 g Milch
200 g Sahne
5 Eigelb
80 g Zucker
100 g dunkles Nuß-Nougat

Für den Schokoladenschaum:
150 g Sahne
80 g Bitter-Kuvertüre
3 EL geschlagene Sahne

Aus Mehl, Kakao, Ei, Butter, Wasser und Salz einen Grundteig bereiten, der nicht zu lange bearbeitet werden darf, weil er sonst zäh werden könnte. Den Teig kalt stellen. In den kalten Teig die kalte Butter einschlagen und mit den Blätterteig-üblichen Ruhezeiten fünf einfache „Touren geben". Nach einer weiteren Ruhezeit den Teig zwei bis drei Millimeter dünn ausrollen und im 200 Grad heißen Ofen ausbacken.
Für die Mousse Milch und Sahne aufkochen, den schwarzen Tee hineingeben, vier bis fünf Minuten ziehen lassen und passieren. Die Eigelb mit dem Zucker über einem Warmwasserbad cremig aufschlagen und zur Milch-Sahne-Mischung geben. Unter Rühren „zur Rose" abziehen und noch einmal passieren. Die eingeweichte, gut ausgedrückte Gelatine zugeben, auf Eis stellen und kalt rühren. Kurz bevor die Masse anzieht, die geschlagene Sahne unterheben und kalt stellen.
Für das Eis Milch und Sahne aufkochen. Die Eigelb mit dem Zucker aufschlagen, dazugeben und unter Rühren „zur Rose" abziehen. In die noch heiße Masse das Nougat rühren. Wenn die Masse abgekühlt ist, in der Eismaschine gefrieren.
Für die Sauce Sahne und Schokolade einige Minuten unter ständigem Rühren miteinander aufkochen. Nach dem Abkühlen die geschlagene Sahne unterziehen.
Die Blätterteigschnitten mit Kakaopulver bestäuben und mit zwei Tee-Mousse-Nocken füllen. Mit dem Nougateis und dem Schokoladenschaum anrichten.

Weißer Pfirsich mit Campari-Schaum
Vier Portionen

4 reife, weiße Pfirsiche
1/2 l Weißwein, 100 g Zucker
2 cl Pfirsichlikör
Saft einer viertel Zitrone

Für den Campari-Schaum:
4 Eigelb, 50 g Zucker
1 Blatt Gelatine
1 Prise Salz
Abgeriebene Schale einer unbehandelten Orange
1 Spritzer Orangensaft
8 cl Campari
1 dl Sahne
1 EL Zucker

Für die Cassissauce:
150 g schwarze Johannisbeeren
2 cl Crème de Cassis
Saft einer viertel Orange
1 dl Rotwein
1/4 Zimtstange
80 g Zucker

Für die Garnitur:
Puderzucker
1 EL gehackte Pistazien
Minzeblätter, Früchte der Saison
4 Kugeln Vanille- oder weißes Schokoladeneis

Die gewaschenen Pfirsiche über Kreuz einschneiden und in sprudelnd kochendem Wasser so lange blanchieren, bis sich die Haut leicht abziehen läßt. Sofort in kaltem Wasser abschrecken.
Den Weißwein mit Zucker, Pfirsichlikör und Zitronensaft aufkochen, die Pfirsiche hineinlegen, vom Feuer nehmen und gar ziehen. Im Pochierfond abkühlen lassen. Die Früchte mit einem Teller beschweren, damit sie mit dem Fond vollkommen bedeckt sind.
Für den Campari-Schaum Eigelb und Zucker cremig rühren. Über nicht zu heißem Wasserdampf aufschlagen, bis die Masse bindet und ein fester, luftiger Schaum entsteht. Die kalt eingeweichte, gut ausgedrückte Gelatine einrühren und den Schaum in einem kalten Wasserbad kalt rühren. Mit Salz, Orangenschale, Orangensaft und dem Campari abschmecken. Die Sahne mit dem Zucker dickflüssig aufschlagen und vor dem Anrichten unter die Campari-Creme ziehen.
Für die Cassissauce die gewaschenen, abgetrockneten Johannisbeeren mit allen Zutaten in eine Sauteuse geben, aufkochen und etwa fünf Minuten köcheln lassen. Mit dem Mixstab pürieren und durch ein feines Haarsieb passieren.
Auf große Teller einen Cassissaucen-Ring gießen, die abgetropften Pfirsiche in die Mitte legen und mit dem Campari-Schaum nappieren. Cassissauce und Campari-Schaum miteinander zu einem Muster ziehen. Den mit Puderzucker und Pistazien bestreuten Teller mit Eis, frischen Früchten und Minze garnieren.

Makkaroni-Soufflé auf Safransauce
Vier Portionen

200 g Seezungenfilets
1 Eiweiß
1 Ei
200 g Crème fraîche
70 g Butter
Salz, Pfeffer
Cayenne, Zitrone
100 g bunte Makkaroni
Butter für die Formen
30 g schwarze Trüffeln
Petersilie

Für die Sauce:
1 EL Lauch, fein gewürfelt
1 EL Staudensellerie, fein gewürfelt
ca. 10 Safranfäden
10 g Butter
1 dl trockener Weißwein
1/2 dl Noilly Prat
1/4 l Fischfond
1/2 dl Crème double
1/2 dl Crème fraîche

Für das Soufflé die Seezungenfilets in Würfel schneiden und in der Küchenmaschine kuttern. Das Eiweiß und das Ei zugeben und solange kuttern, bis die Farce bindet. Durch ein feines Sieb streichen und kalt stellen.
Die kalte Farce mit der Crème fraîche und der Butter aufmixen. Mit Salz, Pfeffer, etwas Cayenne und Zitronensaft abschmecken.
Die bunten Makkaroni nicht zu weich kochen.
Vier Souffléformen ausbuttern, mit den Makkaroni auslegen und mit der

Farce bis kurz unter den Rand füllen. In ein Wasserbad stellen und im 200 Grad heißen Ofen etwa zehn Minuten pochieren.

Für die Sauce Lauch, Sellerie und Safran in Butter angehen lassen. Mit Weißwein und Noilly Prat ablöschen, einkochen und mit dem Fischfond auffüllen. Auf die gewünschte Menge reduzieren, Crème double und Crème fraîche einrühren und noch einmal aufkochen. Durch ein feines Sieb passieren und abschmecken. Vor dem Anrichten kurz aufmixen.

Die Safransauce auf Teller gießen, die Soufflés in die Mitte stürzen und mit einer Trüffelscheibe belegen. Mit den restlichen Makkaroni, Trüffelstreifen und Petersilie garnieren.

Artischockenparfait mit Hummer
Für eine Terrine

3 Artischocken
1 l Wasser, 1 Zitrone
1 Schalotte, fein geschnitten
1 EL Distelöl
0,1 l Weißwein
0,2 l Wasser
1 Lorbeerblatt
2 EL Crème double
1 EL Crème fraîche
3 Blatt Gelatine
100 g geschlagene Sahne
Salz, Pfeffer

Für die grüne Sauce:
150 g Fischsauce (Rezept siehe unten)
15 g Sauerampfer
15 g Kerbel
2 Basilikumblätter
2 Blatt Gelatine
50 g geschlagene Sahne
Salz, Cayenne, Zitrone

Für das Hummerparfait:
200 g Hummerfleisch aus Scheren und Gelenken, gekocht
160 g Bisque (Rezept siehe unten)
6 Blatt Gelatine
260 g geschlagene Sahne
Salz, Cayenne, Cognac
40 g Trüffelwürfel
Butter, Cognac
Weißer Port, Trüffelsaft
2 Hummerschwänze, gekocht

Für die Artischockensauce:
1/2 Artischockenboden, gekocht
1 EL Distelöl
Artischockenfond
2 EL Fischsauce
0,5 dl Crème double
Salz, Cayenne
Zitrone, weißer Port

Für die Garnitur:
1 Hummerschwanz, gekocht
2–3 Artischockenböden, gekocht
1 TL Sherry-Essig, 1 EL Sherry
1 TL Dijon-Senf, 6 EL Distelöl
1 Schalotte, fein gehackt und kurz blanchiert
2 EL Hummerfond
Salz, Pfeffer

Die Artischocken in Zitronen-Salzwasser blanchieren, herausnehmen, gut abtropfen lassen und die Böden auslösen.

Die Schalotte in Distelöl andünsten, mit Weißwein und Wasser ablöschen und das Lorbeerblatt dazugeben. Die Artischockenböden kleinschneiden und in dem Sud weich kochen. Herausnehmen und mit zwei Eßlöffeln Kochfond im Mixer pürieren. Durch ein Sieb streichen, mit Sahne, Crème fraîche und der eingeweichten, gut ausgedrückten Gelatine mischen. Abschmecken und zum Schluß die Sahne unterheben.

Die Terrinenform (ca. 0,8 Liter) etwa zur Hälfte mit dem Parfait füllen, glattstreichen und kalt stellen.

Für die grüne Sauce die Fischsauce aufkochen, etwas abkühlen lassen und mit den Kräutern fein mixen. Durch ein Sieb streichen und die eingeweichte, gut ausgedrückte Gelatine zufügen. Die geschlagene Sahne unterheben, mit Salz, Cayenne und Zitronensaft abschmecken.

Die Sauce einen halben Zentimeter dick auf das kalte Artischockenparfait aufstreichen und wieder kalt stellen.

Für das Hummerparfait das Hummerfleisch mit der Bisque im Mixer fein pürieren und durch ein Haarsieb streichen. Die eingeweichte, gut ausgedrückte Gelatine einrühren und vorsichtig die geschlagene Sahne unterheben. Mit Salz, Cayenne und Cognac abschmecken.

Die Trüffelwürfel in Butter anschwitzen, mit je einem Spritzer Cognac, Port und Trüffelsaft ablöschen und zum Hummerparfait geben.

Die Hummerschwänze auf die grüne Sauce setzen, die Terrine mit dem Hummerparfait auffüllen und gut durchkühlen.

Für die Sauce die halbe Artischocke kleinschneiden, in Distelöl anschwitzen, mit etwas Artischockenfond ablöschen und einkochen. Mit der Fischsauce mixen, kurz aufkochen und durch ein feines Sieb streichen. Abkühlen, die Crème double unterziehen und abschmecken.

Für die Garnitur Sherry-Essig, Sherry, Senf, Schalottenwürfel und Hummerfond zu einer Vinaigrette verrühren und abschmecken.

Die Terrine stürzen, mit einem Elektromesser aufschneiden und die Scheiben mit einem Löffel Artischockensauce anrichten. Das Parfait mit Artischockenboden- und Hummerscheiben garnieren, die Garnitur mit der Vinaigrette nappieren.

Für die Fischsauce:
1,2 dl Fischfond
0,4 dl trockener Riesling
0,2 dl Noilly Prat
1,5 dl Crème double
Salz, Zitrone, Cayenne
10 g Butter
Sekt
1 EL geschlagene Sahne

Fischfond, Weißwein und Noilly Prat reduzieren, mit Crème double auffüllen und vier bis fünf Minuten köcheln lassen. Mit Butter aufmixen und mit einem Spritzer Sekt verfeinern. Abschmecken und die geschlagene Sahne unterziehen.

Für die Bisque:
500 g Hummerkarkassen
4 cl Olivenöl
30 g Staudensellerie, gewürfelt
30 g Karotten, gewürfelt
30 g Zwiebeln, gewürfelt
1 kleine Knoblauchzehe, zerdrückt
1 Thymianzweig
1 Lorbeerblatt
1 Fleischtomate, enthäutet, entkernt und gewürfelt
Cognac
4 cl Weißwein
2 cl Noilly Prat
1 EL Tomatenmark
3 dl Sahne
1 dl Hummerfond
Salz, Cayenne

Die Hummerkarkassen zerkleinern und in Olivenöl anrösten. Die Gemüse, die Gewürze und die Tomatenwürfel dazugeben. Wenn die Gemüse weich sind, mit Cognac flambieren, mit Weißwein und Noilly Prat ablöschen. Langsam einkochen und das Tomatenmark unterrühren. Die Sahne und den Hummerfond zugießen, 30 Minuten ziehen lassen und passieren. Mit Salz und Cayenne abschmecken.

Paprika-Essenz mit Kartoffelroulade
Vier Portionen

1 rote Paprika
1 grüne Paprika
1 gelbe Paprika
2 Schalotten, grob gewürfelt
1–2 EL Olivenöl
Edelsüßer Paprika
1,5 dl Weißwein
1 l Rinderbouillon, entfettet
Basilikumblätter für die Garnitur

Zum Klären der Brühe:
500 g Rinderhaxe, ohne Knochen
Paprikaabschnitte
2 Eiweiß
Meersalz

Für die Roulade:
4 mehlige Kartoffeln, mittelgroß
3 Eigelb
75 g Maisgrieß
1 EL geklärte Butter
Salz, Pfeffer

Für die Füllung:
1/2 rote Paprika, dünn geschält
1/2 grüne Paprika, dünn geschält
1/2 gelbe Paprika, dünn geschält
2 Tomaten aus der Dose
1 Schalotte, gewürfelt
1 EL Olivenöl
Salz, Pfeffer, Zucker
Butter für die Folie

Die Paprikaschoten waschen, halbieren, entkernen und in grobe Würfel schneiden; die Abschnitte für das Klärfleisch aufbewahren. Die Schalotten mit dem Paprika in heißem Olivenöl angehen lassen, mit Paprikapulver bestäuben, kurz dünsten und mit dem Weißwein ablöschen. Mit der Bouillon auffüllen und einmal aufkochen. Rund 15 Minuten köcheln lassen und dabei etwas reduzieren. Abkühlen lassen und in den Kühlschrank stellen. Für die Weiterverarbeitung muß die Suppe eiskalt sein. Zum Klären die Rinderhaxe durch die grobe Scheibe des Fleischwolfs drehen und in einer ausreichend großen Schüssel mit den Paprikaabschnitten, den Eiweiß und etwas Meersalz gut durchrühren. In einen Topf geben, die eiskalte Suppe zugießen und mit einem Schneebesen kräftig durchschlagen. Unter ständigem Rühren (das Eiweiß setzt sich sonst am Boden ab) langsam aufkochen und 15 bis 20 Minuten ziehen lassen. Die Suppe durch ein Passiertuch gießen und abschmecken. Für die Roulade die Kartoffeln kochen, schälen und abkühlen lassen. Durch die Kartoffelpresse drücken, den Maisgrieß, die Eigelb und die Butter dazugeben und gut durcharbeiten. Den Kartoffelteig mit Salz und Pfeffer abschmecken.
Für die Füllung die Paprika würfeln. Die Tomaten halbieren, entkernen und würfeln. Den Saft und die Abschnitte aufbewahren. In heißem Olivenöl die Paprika- und Schalottenwürfel andünsten. Die Tomatenwürfel dazugeben. Den Saft und die Abschnitte einkochen und über die Würfel passieren. Einkochen, mit Salz, Pfeffer und einer Prise Zucker würzen.

Den Kartoffelteig dünn auf eine gebutterte Alufolie streichen und die Füllung dünn darauf verteilen. Die Masse zu einer Rolle formen, in eine neue Alufolie wickeln und die Enden fest zudrehen. Im 70 Grad heißen Wasserbad zehn bis zwölf Minuten pochieren. Die heiße Suppe auf Teller verteilen, die Roulade aufschneiden, drei Scheiben in jeden Teller legen und mit Basilikum garnieren.

Pochierter Lachs mit Limettensauce und Tomaten-Estragon-Tortellini
Vier Portionen

750 g schottisches Wildlachsfilet (Mittelstück)
30 g Schalotten, 30 g Fenchel
20 g Butter
1 dl Weißwein
2 cl Pernod
Salz
Meeralgen
20 g Butter

Für die Sauce:
2 Limetten
1 dl Weißwein
2 dl Fischfond
1 dl Sahne
1 EL Crème fraîche
Salz, Pfeffer, Zucker
20 g Butter, 1 EL geschlagene Sahne

Für die Tortellini:
150 g Nudelteig
5 reife Fleischtomaten
30 g Schalotten
10 g Butter
1 kleine Knoblauchzehe, gewürfelt
Salz, Pfeffer
1 TL Basilikumblätter, gehackt
1 TL Thymian, gehackt
1 TL Rosmarin, gehackt
1 TL Tomatenmark
1 TL Quark
1 Estragonzweig
1 Eigelb
Sahne zum Anschwenken

Den Lachs filieren, enthäuten, von allen Gräten befreien und portionieren.

Schalotten und Fenchel fein würfeln und in der Butter kurz andünsten. Mit dem Weißwein und einem Schuß Pernod ablöschen. Fünf Minuten köcheln lassen, abschmecken und in eine feuerfeste Form gießen. Den Lachs in diesen Sud legen und im 150 Grad heißen Ofen glasig pochieren.
Für die Sauce die Schale einer Limette mit dem Weißwein aufkochen und um zwei Drittel reduzieren. Fischfond, Sahne und Crème fraîche aufkochen und um ein Drittel einkochen. Die Limetten-Weißweinreduktion dazugeben, aufkochen und passieren. Die Sauce mit dem Saft der beiden Limetten, Salz, Pfeffer und Zucker abschmecken. Die fein abgeriebene Schale der zweiten Limette in die Sauce geben, mit der Butter aufmixen und zum Schluß die Schlagsahne einrühren.
Für die Füllung der Tortellini die Tomaten enthäuten und entkernen. Die Schalotten in Butter andünsten, das Tomatenfleisch, den Knoblauch und alle Kräuter (außer dem Estragon) hinzufügen. Zu einem sehr dicken Brei einkochen und passieren. Das Tomatenmark und den Quark in die Masse einrühren. Estragon fein hacken, dazugeben und abschmecken.
Den Nudelteig dünn ausrollen und Acht-Zentimeter-Kreise ausstechen. Die Ränder mit Eigelb bestreichen, etwas Tomatenmasse auf eine Seite geben und zu einem Halbmond zusammenklappen. Eine Spitze mit Eigelb bestreichen und zu Tortellini zusammenrollen. In leicht gesalzenem Wasser drei bis fünf Minuten kochen, herausnehmen, abtropfen lassen und in leicht gesalzener Sahne schwenken. Die geputzten Algen kurz blanchieren und mit Butter anschwenken.
Den Lachs auf vorgewärmten Tellern mit den Tortellini und den Algen anrichten und mit der Sauce nappieren.

Kalbskopf mit Bries und Hirn auf Salat
Vier Portionen

1 kleine Kalbszunge, ca. 400 g
1 Kalbsbries, ca. 120 g
1 Kalbshirn, ca. 100 g
200 g Kalbskopfmaske
Saft einer Zitrone
1 Bouquet garni (aus Staudensellerie, dem Weißen vom Lauch, Petersilienstielen)
1 mittelgroße Zwiebel, gespickt mit einem Lorbeerblatt und einer Nelke
10 weiße Pfefferkörner
Mehl zum Bestäuben
2 Eier, verquirlt
4 EL geklärte Butter
Salz, Pfeffer

Für die Vinaigrette:
1 Schalotte, gewürfelt
1 kleine Frühlingszwiebel, fein geschnitten
Salz, Pfeffer, Zucker
1 TL Pommery-Senf
2 EL Obstessig
2 EL Estragon-Essig
6 EL Olivenöl
6 EL Rinder-Consommé
Frischer Meerrettich
Gezupfter Kerbel

Für den Salat:
2 mittelgroße Salatkartoffeln
1 kleine rote Bete
1 Karotte
2 Petersilienwurzeln
1 kleines Stück Knollensellerie
1 Stange Lauch, nur das Weiße
Eichblatt-, Kopf- und Feldsalat
3–4 Radieschen, gestiftet

Die Kalbsinnereien und die Kalbskopfmaske zwei bis drei Stunden unter leicht fließendem Wasser wässern. Hirn und Bries sauber parieren. Alle Zutaten gut abtropfen lassen und trockenreiben.
Reichlich Wasser mit dem Bouquet garni und der gespickten Zwiebel aufkochen, Zunge und Kalbskopf zufügen und in eineinhalb bis zwei Stunden gar ziehen lassen. Zehn Minuten vor Ende der Garzeit die Pfefferkörner dazu-

geben. Zunge und Kalbskopf kalt abschrecken, von der Zunge die Haut abziehen. Abkühlen lassen.

Vor dem Anrichten die Zunge mit der Maschine in hauchdünne Scheiben, den Kalbskopf mit dem Messer in feine Scheiben schneiden. Die Scheiben in eine Form legen, mit etwas Kalbsfond nappieren und kurz im heißen Backofen erwärmen.

Bries und Hirn in Scheiben schneiden, leicht mehlieren, in den verquirlten Eiern wälzen und in geklärter Butter ausbacken. Auf Küchenpapier das Fett abtropfen lassen und würzen.

Für die Vinaigrette Schalotten und Frühlingszwiebeln mit Salz, Pfeffer und Zucker in eine Schüssel geben. Den Senf und die beiden Essige unterrühren. Mit dem Öl aufschlagen, mit der Consommé und frisch geriebenem Meerrettich abschmecken.

Kartoffeln und rote Bete in der Schale kochen, schälen, noch heiß in feine Scheiben schneiden und mit etwas Vinaigrette marinieren. Die restlichen Gemüse in Stäbchen schneiden, jede Sorte für sich in Salzwasser blanchieren, eiskalt abschrecken, gut abtropfen lassen und mit Vinaigrette marinieren.

Auf leicht erwärmten, großen Tellern die Kalbszunge und die Kalbskopfscheiben anrichten, mit den marinierten Gemüsen, den Blattsalaten, Radieschen und Kerbel garnieren. Obendrauf die gebackenen Bries- und Hirnscheiben legen. Lauwarm servieren.

Hummer-Lasagne mit schwarzen Trüffeln
Vier Portionen

2 Hummer à 400 g
60 g Wurzelgemüse, fein gewürfelt (Karotten, Lauch, Sellerie)
1 Stange Lauch, nur das Weiße
40 g schwarze Trüffeln, in gleichmäßigen Scheiben
10 g Butter
1 cl Portwein

Für die Lasagne:
200 g Nudelteig
20 g schwarze Trüffeln
2 Eigelb, mit etwas Salz verrührt

Für die Sauce:
Hummerkarkassen
4 EL Olivenöl
1 EL Butter
Röstgemüse, gewürfelt (je 20 g Karotten, Lauch, Staudensellerie, Zwiebeln)
1 kleine Tomate
2 cl Cognac
1 kleine Knoblauchzehe, leicht angedrückt
2 dl Fischfond
1 dl Crème double
1 kleines Bund Kerbel
80 g Butter, in kleinen Stücken

Die Hummer kopfüber in sprudelnd kochendes Wasser geben, zwei Minuten kochen, herausnehmen und abkühlen lassen. Scheren und Schwänze abtrennen.

Salzwasser mit dem Wurzelgemüse aufkochen, Hummerscheren und -schwänze darin zehn Minuten pochieren. Ausbrechen und in Stücke teilen.

Den gewaschenen Lauch in feine Ringe schneiden, in Salzwasser blanchieren, kalt abschrecken und gut abtropfen lassen.

Die Trüffelscheiben in Butter schwenken, mit dem Portwein ablöschen, vom Herd nehmen und zugedeckt marinieren.

Den Nudelteig durch die Walze einer Nudelmaschine hauchdünn ausrollen und 32 Teigblätter (10 x 10 cm) schneiden.

Die Hälfte der Blätter mit Eigelb bestreichen, auf jedes Blatt zwei hauchdünn gehobelte Trüffelscheiben legen und mit den restlichen Teigscheiben bedecken. Noch einmal durch die Nudelmaschine drehen, so daß die Trüffelscheiben in den Teig „eingeschweißt" werden.

Die Lasagnescheiben in kochendem Salzwasser gar ziehen lassen.

Für die Sauce aus den Hummerkörpern den Magensack, die Leber und das eventuell vorhandene Corail herauslösen; Leber und Corail aufbewahren. Die gewaschenen und getrockneten Hummerkarkassen grob zerteilen und in Olivenöl nicht zu scharf anbraten. Die Butter und das Röstgemüse dazugeben, anziehen lassen, die geviertelte Tomate dazugeben und mit Cognac flambieren. Knoblauchzehe und Fischfond dazugeben, 20 Minuten köcheln lassen. Die Crème double angießen und sämig einkochen. Durch ein Passiertuch abgießen und dabei die Zutaten gut auspressen.

Etwas von der Sauce abnehmen und darin die Hummerstücke erwärmen. Die restliche Sauce aufkochen und die Butter einschwenken oder mit dem Mixstab montieren. Lauchringe, Hummerleber und Corail in die Sauce geben.

Auf vier große Teller etwas von der Sauce gießen und mit einem Lasagneblatt belegen. Darauf Hummerstückchen und Trüffelscheiben geben, mit gezupftem Kerbel bestreuen und mit etwas Sauce nappieren. Mit Hummer und Trüffelscheiben zu einer vierschichtigen Lasagne aufbauen und mit der restlichen Sauce umgießen.

Lotte auf Kartoffeln mit Zwiebeln
Eine Portion

180 g Lotte, pochiert
1 EL Olivenöl
120 g Kartoffeln
1 Zwiebel, mittelgroß
Butter für die Form
8 cl Fisch-Consommé
2 cl Kalbsfond
Salz, Pfeffer
100 g grüne und gelbe Bohnen
1 TL Schalotten, gehackt
10 g Butter

Die Kartoffeln und die Zwiebel in feine Scheiben schneiden und abwechselnd in eine gebutterte Form legen. Mit der Fisch-Consommé und dem Kalbsfond auffüllen; etwas Fond zum Nachgießen reservieren. In den 200 Grad heißen Ofen stellen und etwa 20 Minuten backen, dabei hin und wieder etwas Fond angießen.

Die pochierten Lotte-Medaillons in Öl von beiden Seiten kurz anbraten.

Die Bohnen blanchieren, abschrecken und abtropfen lassen. Schneiden, mit den gehackten Schalotten in Butter anschwenken und würzen.

Die Lotte-Medaillons auf den gebackenen Gemüsen anrichten und mit den Bohnen garnieren.

Lachstimbale mit Krebsen
Zwei Portionen

120 g Lachsfilet
120 g Hecht- oder Zanderfilet
20 cl Sahne
Salz, Pfeffer
Butter für die Formen
12 Spinatblätter, blanchiert

Für die Sauce:
500 g Krebse
Court-Bouillon zum Kochen der Krebse
3 EL Öl
2 TL Butter
30 g Sellerie, gewürfelt
30 g Lauch, gewürfelt
30 g Karotten, gewürfelt
20 g Schalotten, gewürfelt
20 g Petersilienstengel, geschnitten
1 kleiner Estragonstiel
1 Knoblauchzehe, angedrückt
1 cl Cognac
2 cl Noilly Prat
0,3 l trockener Weißwein
4 cl Fischfond
2 cl Crème double
Butter zum Montieren
Salz, Pfeffer

Vom Lachsfilet 70 Gramm zusammen mit dem Hecht- oder Zanderfilet fein pürieren, nach und nach die Sahne zugeben. Die Masse mit Salz und Pfeffer abschmecken und für einige Minuten ins Gefrierfach stellen; anschließend durch ein feines Haarsieb streichen.

179

Die Timbale-Formen ausbuttern und mit einem Spritzbeutel eine dünne Schicht der Farce auf den Boden geben. Darauf das quadratisch geschnittene Lachsfilet legen und die Form mit der Farce füllen. Im 120 Grad heißen Ofen etwa 20 Minuten pochieren.

Die Krebse in Court-Bouillon kochen, ausbrechen und das Krebsfleisch in etwas Fond warm halten.

Die Krebskarkassen in Öl anbraten, die Butter, alle Gemüse und Gewürze dazugeben und langsam weiterrösten. Wenn die Gemüse weich sind, mit Cognac, Noilly Prat und Weißwein ablöschen. Einkochen, mit dem Fischfond auffüllen und 15 Minuten köcheln lassen. Die Crème double zufügen, noch einmal aufkochen und passieren. Mit eiskalten Butterstückchen montieren und abschmecken.

Die Spinatblätter auf zwei Tellern auslegen und die Timbales in die Mitte stürzen. Die Krebse rundum verteilen und mit der Sauce nappieren.

Gebratener Loup auf Fenchel
Zwei Portionen

1 Loup, 300–400 g
Salz, Thymian
1 EL Olivenöl zum Braten
Meersalz
1 Fenchelknolle
1–2 EL Olivenöl
5 cl Weißwein
20 cl Fischfond
Salz, Zitrone
25 g Butter
1 Tomate
1/2 rote Paprika
2 kleine Artischocken
Olivenöl zum Andünsten
Basilikumblätter für die Garnitur

Den Seewolf schuppen, ausnehmen und filieren. Die Haut der Filets nicht entfernen, sondern mit einem scharfen Messer mehrfach einritzen. Die Fleischseite mit Salz und einer Prise Thymian würzen.

Den Fisch auf der Hautseite in Olivenöl braten, die Hitze darf nicht zu stark sein, weil der Fisch nicht gewendet werden sollte. Nach dem Braten die Hautseiten der beiden Filets mit etwas grobem Meersalz bestreuen.

Den Fenchel in dünne Streifen schneiden und in Olivenöl andünsten. Mit Weißwein ablöschen, einkochen und mit dem Fischfond auffüllen. Den Fenchel bei geschlossenem Deckel weich dünsten.

Den Fenchelfond passieren, einkochen, mit Salz und Zitronensaft abschmecken und mit kalten Butterstückchen montieren.

Für die Garnitur die Tomate enthäuten, entkernen und in Rauten schneiden. Die Paprika schälen und ebenfalls in Rauten schneiden. Beide Gemüse in etwas Olivenöl andünsten und abschmecken.

Die Artischocken vierteln, in Olivenöl anbraten und im Ofen weich schmoren.

Den kroß gebratenen Loup auf der Sauce anrichten, die Gemüse rundherum verteilen und mit Basilikum garnieren.

Hummer exotisch
Zwei Portionen

1 Hummer, ca. 400 g
Court-Bouillon zum Kochen des Hummers
Butter zum Braten

Für das Gemüse:
Olivenöl zum Braten
10 g Shitake-Pilze, in Scheiben
20 g Sojasprossen
10 g Frühlingszwiebeln, in feinen Streifen
20 g gelbe Paprika, geschält und in feinen Streifen
20 g rote Paprika, geschält und in feinen Streifen
Öl zum Braten
20 g Glasnudeln, gekocht
Curry, Sojasauce
Ingwer, Knoblauch
Salz, Zucker

Für die Sauce:
1 Hummerkarkasse
Öl und Butter zum Anbraten
5 g Karotten, gewürfelt
5 g Staudensellerie, gewürfelt
5 g Zwiebeln, gewürfelt
5 g Lauch, gewürfelt
2 Tomaten, geschnitten
1 Knoblauchzehe, angedrückt
2 cl Cognac
1/8 l Weißwein, 1/4 l Fischfond
Butter zum Binden

Den Hummer in der Court-Bouillon 30 Sekunden kochen und herausnehmen. Die Scheren abtrennen, in den Sud zurückgeben und sieben bis acht Minuten ziehen lassen.

Die Hummerkopfschale halbieren und für die Garnitur reservieren; den Schwanz nicht auslösen, sondern längs der „Gelenke" in etwa zwei Zentimeter dicke Medaillons schneiden. Vor dem Anrichten die Medaillons bei milder Hitze in Butter braten.

Die zerkleinerte Hummerkarkasse in Öl anbraten, etwas Butter und die Gemüse zufügen und andünsten. Die Tomate und den Knoblauch zugeben, mit Cognac und Weißwein ablöschen und vollkommen einkochen. Den Fischfond angießen, rund 20 Minuten köchelnd ziehen lassen und passieren. Die Sauce abschmecken und mit kalter Butter binden.

Für die Gemüse das Olivenöl in einer großen Pfanne erhitzen, zuerst die Pilzscheiben, dann die Sojasprossen und die Frühlingszwiebeln, zum Schluß die Paprikastreifen hineingeben. Alles scharf anbraten. Die gekochten Glasnudeln dazugeben und die Mischung mit Curry, Soja, Ingwer, Knoblauch, Salz und Zucker abschmecken. Die gebratenen Hummer-Medaillons dazugeben und einmal kräftig durchschwenken.

Die Gemüse-Nudel-Mischung auf Tellern anrichten, die Hummer-Medaillons und eine Hummerschere rundherum verteilen und mit der Sauce nappieren. Zum Schluß die Teller mit einer halben Hummerkopfschale garnieren.

Zweierlei Kalbsnieren auf Artischocken mit Schalottensauce
Vier Portionen

2 kleine Kalbsnieren
1 dl Milch
1 dl Rotwein
8 Scheiben Weißbrot ohne Rinde
Geklärte Butter
Salz, Pfeffer

Für die Garnitur:
2 frische Artischockenböden
Zitronensaft
3 mittelgroße Kartoffeln
120 g geräucherter magerer Speck, mild gesalzen
80 g fetter Speck
Petersilienblätter

Für die Sauce:
1 EL Butter
140 g Schalotten, fein gewürfelt
1 EL Speckwürfel (von der Garnitur)
3 dl Rotwein
5 cl roter Portwein
3 dl Kalbsfond
Salz, Pfeffer, Senf
1/2 Knoblauchzehe, fein gewürfelt
Frischer Majoran
80 g kalte Butter

Die Kalbsnieren sauber parieren und in kleine Röschen teilen. Die eine Hälfte in Milch, die andere in Rotwein marinieren. Zugedeckt kühl stellen.

Für die Garnitur die Artischockenböden mit Zitronensaft einreiben, damit sie sich nicht verfärben, und in feine Streifen schneiden.

Die Kartoffeln schälen und in dünne Scheiben (Durchmesser: 3 cm) schneiden. Den geräucherten Speck so aufschneiden, daß die dünnen Speckscheiben so groß wie die Kartoffelscheiben sind. Die „Speck-Abschnitte" würfeln und für die Sauce reservieren.

Den fetten Speck in feine Würfel schneiden und auslassen; die Grieben aus der Pfanne nehmen und auf Küchenpapier abtropfen lassen.

Vor dem Anrichten in dem Speckfett die Artischockenstreifen, die Speck- und die Kartoffelscheiben nacheinander knusprig ausbraten.

Für die Sauce die Butter in einer Sauteuse zerlaufen lassen, darin die Schalotten- und Speckwürfel andünsten. Mit Rotwein und Portwein ablöschen und auf ein Drittel einkochen. Mit dem Kalbsfond auffüllen und wieder einkochen (auf etwa 3 dl). Mit Salz, Pfeffer, Senf, Knoblauch und Majoran würzen. Zum Schluß die kalte Butter einschwenken oder mit dem Mixstab montieren.

Die Nieren abtropfen lassen. Die in der Milch marinierten Nieren mit dem frisch geriebenen Weißbrot panieren und in dem noch verbliebenen Speckfett ausbacken (eventuell etwas Butter dazugeben). Die Rotwein-Nieren in geklärter Butter braten und nach dem Braten würzen.

Auf vorgewärmten Tellern in der Mitte die Artischockenstreifen aufschichten und die zweierlei Nieren darauf anrichten. Mit den Speck- und Kartoffelscheiben umlegen, mit der Sauce umgießen und mit den Grieben bestreuen. Mit Petersilienblättern garnieren.

Gepökelte Lammzunge mit Kartoffelrouladen
Vier Portionen

4 gleich große Lammzungen, gepökelt
5 dl Lammfond
Schnittlauch

Für die Sauce:
2 dl Lammfond, entfettet
1 dl Weißwein
1 Thymianzweig
1 Knoblauchzehe, angedrückt
80 g kalte Butter

Für die Roulade:
500 g mehlige Kartoffeln
180 g Mehl
2 Eigelb
40 g Spinat, blanchiert und püriert
Salz, Pfeffer, Muskat
4 EL Weißbrot-Croûtons, in Butter geröstet

Für die Gemüsegarnitur:
4 dicke Knoblauchzehen
2 dl Milch
2 dl Wasser
4 gleich große Navets
1 feste rote Kirschtomate
1 feste gelbe Kirschtomate
Butterflocken
Estragonblätter

Für den Ausbackteig:
3 EL Mehl
1 Eigelb
Salz, Zucker
Weißwein
1 Eiweiß
2 dl Olivenöl zum Ausbacken
4 gleich große Schnittlauchstiele

Den Lammfond aufkochen und die Lammzungen darin 60 bis 70 Minuten gar ziehen, herausnehmen, abschrecken und die Haut abziehen. Im Lammfond warm halten.

Für die Sauce den Lammfond mit Weißwein, Thymian und Knoblauch aufkochen. Auf 1,5 Deziliter reduzieren und durch ein feines Haarsieb passieren. Vor dem Anrichten noch einmal aufkochen, abschmecken und die kalten Butterstücke einschwenken oder mit dem Mixstab einmontieren.

Für die Roulade die Kartoffeln in der Schale dämpfen, pellen und abkühlen lassen. Durch die Kartoffelpresse drücken, die Eigelb und das Mehl zufügen. Zu einer kompakten Masse kneten, ein Drittel des Teigs abnehmen und mit dem pürierten Spinat vermengen. Beide Kartoffelmassen mit Salz, Pfeffer und Muskat abschmecken.

Ein Passiertuch mit etwas Mehl bestäuben und die Kartoffelmasse zu einem gleichmäßigen Rechteck ausrollen. Die Kartoffel-Spinatmasse darauf verteilen und mit den Croûtons bestreuen. Mit dem Tuch die Masse zu einer Rolle formen, fest in ein frisches Tuch wickeln und in Salzwasser 15 bis 20 Minuten köcheln. Herausnehmen und gut abtropfen lassen.

Die Knoblauchzehen pellen und in jede Zehe einen Holzzahnstocher stecken. Milch und Wasser aufkochen und die Knoblauchzehen darin blanchieren. Die Navets schälen und blanchieren. Kirschtomaten vierteln und entkernen.

Die Navets mit je einem roten und gelben Tomatenviertel füllen, mit Butterflöckchen bedecken und im Backofen erwärmen.

Für den Ausbackteig das Mehl in eine Schüssel sieben, das Eigelb, je eine Prise Salz und Zucker zufügen. Soviel Weißwein unterrühren, bis ein dickflüssiger Teig entsteht. Durch ein Haarsieb passieren, eine Stunde ruhenlassen und das zu festem Schnee geschlagene Eiweiß unterheben.

Die Knoblauchzehen leicht mehlieren, mit den Zahnstochern durch den Backteig ziehen und in heißem Öl ausbacken. Auf Küchenpapier abtropfen lassen, die Zahnstocher entfernen, dafür in jede Zehe einen Schnittlauchstiel stecken.

Die Sauce auf heiße Teller gießen, die der Länge nach aufgeschnittenen Lammzungen fächerförmig darauf anrichten. Die mit Estragon garnierten Navets, die gebackenen Knoblauchzehen und eine Scheibe der Kartoffelroulade dazugeben. Mit Schnittlauch bestreuen.

Gefüllte Poulardenbrust auf Kartoffel-Lauch-Gratin
Vier Portionen

2 Poularden
Salz, Pfeffer, Muskat
20 g schwarze Trüffeln
150 g Gänseleber
2 cl weißer Port
Butter für die Folie
Hühnerfond zum Pochieren

Für die Farce:
100 g Keulenfleisch
100 g Sahne
Salz, Pfeffer, Muskat

Für die Sauce:
Geflügelkarkassen
Öl zum Anrösten
100 g Karotten, gewürfelt
100 g Staudensellerie, gewürfelt
200 g Zwiebeln, gewürfelt
30 g Tomatenmark
1 Thymianzweig
1 Rosmarinzweig
Einige Pfefferkörner, zerdrückt
Salz, Pfeffer
Geflügelfond zum Auffüllen
Trüffelabschnitte
1/2 TL Butter
5 cl Madeira
50 g Butter

Für den Gratin:
6 Kartoffeln
4 dl Sahne
Salz, Pfeffer, Muskat
2 Stangen Lauch
1 Knoblauchzehe

Die Poularden auslösen, die Brüste enthäuten und salzen. Die Trüffeln schälen und in dünne Scheiben schneiden, die Abschnitte vom Schälen für die Sauce reservieren. Die Gänseleber mit Port, Salz, Pfeffer und Muskat würzen.

Für die Farce das eisgekühlte Poulardenkeulenfleisch mit der kalten Sahne im Küchenkutter zu einer feinen Farce verarbeiten. Durch ein Sieb streichen, auf Eis stellen und glattrühren. Mit Salz, Pfeffer und Muskat abschmecken. Die Filets der Poulardenbrüste zur Seite legen, in die Brüste der Länge nach einen 0,5 Zentimeter tiefen Einschnitt machen und diese „Taschen" dünn mit Farce bestreichen. Darauf Trüffelscheiben legen, etwas Farce aufstreichen, darauf die Gänseleber geben und diese dann mit Farce und Trüffelscheiben bedecken. Die Filets auflegen und die gefüllten Brüste in gebutterte Alufolie fest einrollen. In 80 Grad heißem Hühnerfond (oder in Salzwasser) etwa zwölf Minuten pochieren, herausnehmen, etwas ruhenlassen und aufschneiden.

Für die Sauce die zerkleinerten Geflügelkarkassen in Öl hellbraun anrösten, zuerst die Gemüse, anschließend das Tomatenmark, zum Schluß die Kräuter und Gewürze zugeben. Mit Geflügelfond (oder Wasser) auffüllen, bis alle Zutaten gut bedeckt sind und etwa eine Stunde köcheln lassen. Passieren und auf einen Viertelliter einkochen. Die Trüffelabschnitte hacken, in Butter anschwitzen, mit dem Madeira ablöschen und einkochen. Die Reduktion

mit dem Geflügeljus auffüllen, aufkochen und mit der kalten Butter montieren.
Die Kartoffeln schälen und in dünne Scheiben schneiden. Drei Viertel der Sahne mit Salz, Pfeffer und Muskat würzen und die Scheiben darin aufkochen. Den Lauch schälen, kurz blanchieren und in Scheiben schneiden. Vier Teller mit Knoblauch ausreiben, abwechselnd mit den Kartoffel- und Lauchscheiben belegen. Mit der restlichen Sahne übergießen und im 200 Grad heißen Ofen sieben bis zehn Minuten backen.
Die Poulardenbrüste auf dem Gratin anrichten und mit der Trüffelsauce umgießen.

Überbackenes Stubenküken auf zwei Saucen
Vier Portionen

4 Stubenküken
Butter zu Braten
4 Scheiben Toastbrot ohne Rinde
40 g Crème double
Salz, Pfeffer
200 g Röstgemüse
1 EL Tomatenmark
1 Lorbeerblatt, 1 Nelke
1 Thymianzweig
Grobkörniger Senf
1/4 l Geflügelfond
1 dl Sahne
Zitrone
Kerbel
200 g Pfifferlinge
1 TL Schalotten, gehackt
Petersilie
4 Lauchzwiebeln, blanchiert

Die Stubenküken ausbeinen, die Brüste sauber parieren, das Keulenfleisch von Knochen und Sehnen befreien.
Die Brüste in Butter anbraten, die geröstete Haut ablösen und kleinschneiden. Die Lebern der Stubenküken fein würfeln und in Butter andünsten. Das Weißbrot würfeln und kroß braten.
Aus dem gekühlten Keulenfleisch und der eiskalten Crème double im Küchenkutter eine feine Farce zubereiten, durch ein Sieb streichen und abschmecken. Die Leberwürfel, die Weißbrot-Croûtons und die geröstete Haut unter die Farce heben. Vorsichtig auf die acht Brüste aufstreichen und in der Pfanne im 180 bis 200 Grad heißen Ofen garen. Zum Schluß unter dem Salamander goldbraun überbacken.
Für die Sauce die Stubenküken-Karkassen kleinschneiden, in einer Pfanne gut anrösten und die Gemüse dazugeben. Wenn die Gemüse Farbe haben, das Tomatenmark und die Gewürze dazugeben. Mit Wasser auffüllen und eine braune Sauce ziehen. Passieren, etwas einkochen und mit dem groben Senf abschmecken.
Für die zweite Sauce den Geflügelfond mit der Sahne reduzieren, mit Salz, Pfeffer und Zitrone abschmecken. Zum Schluß den gehackten Kerbel unterrühren.
Die geputzten Pfifferlinge in heißer Butter mit den Schalotten und gehackter Petersilie andünsten und abschmecken.
Die überbackenen Stubenküken mit den Pilzen, den beiden Saucen und je einer Lauchzwiebel anrichten.

Lammsattel im Pfeffersud mit Frühlingsgemüsen
Vier Portionen

600 g Lammsattel, pariert
Öl zum Anbraten
1 Thymianzweig
1 Rosmarinzweig
Grobes Meersalz
Schwarzer Pfeffer, grob gemahlen

Für die Sauce:
15 cl heller Lammfond
100 g Butter
30 g Petersilie, gehackt
Schwarzer Pfeffer, grob gemörsert

Für die Gemüse:
2 Kohlrabi
2 Bund junge Karotten
100 g Erbsen, ausgelöst
60 g Kaiserschoten
1 Bund kleine Navets
1 Bund junge Lauchzwiebeln (nur das Weiße)
3 mittelgroße Kartoffeln, festkochend
Salz

Das Fleisch von allen Seiten kurz anbraten und auskühlen lassen. Mit dem Thymian- und Rosmarinzweig zusammen in einen Folienbeutel einschweißen („vakuumieren") und in kochendes Wasser legen. Den Topf sofort vom Herd nehmen und das Fleisch im heißen Wasser acht bis zehn Minuten garen.
Für die Sauce den Lammfond um zwei Drittel reduzieren und mit der Butter aufmontieren. Vor dem Anrichten kurz aufkochen, die Petersilie und den Pfeffer hineingeben und abschmecken.
Die Gemüse putzen und tournieren, in Salzwasser nacheinander „mit Biß" blanchieren.
Das Fleisch aufschneiden und auf heißen Tellern anrichten. Mit grobem Meersalz und schwarzem Pfeffer würzen. Die Gemüse rundherum verteilen und mit dem Pfeffersud nappieren. Mit Rosmarin und Thymian garnieren.

Kaninchenschnecke mit Morcheln und Karotten
Vier Portionen

2 Kaninchenrücken, ca. 320 g pro Stück
Salz, Pfeffer
30 g Spinatblätter, blanchiert
80 g Gänseleber
40 g Strudelteig
Butter zum Bestreichen
Butterschmalz zum Braten

Für die Beilagen:
32 frische Morcheln
1 EL Olivenöl
Salz, Pfeffer
Madeira zum Ablöschen
1 TL Schalotten, fein gehackt
4 dl Kaninchenfond
2 Bund junge Karotten
30 g Butter
1/2 TL Zucker
2 dl Geflügelfond

Die Kaninchenrücken auslösen, die Rückenfilets sorgfältig parieren und jedes der vier Filets in vier Streifen schneiden. Die Streifen leicht plattieren und so hintereinander legen, daß sie etwas übereinanderlappen. Mit Salz und Pfeffer würzen und gleichmäßig mit den blanchierten Spinatblättern belegen. Die rohe Gänseleber in hauchdünne Streifen schneiden und auf dem Spinat verteilen. Noch einmal würzen und jede Filet-„Reihe" zur Schnecke aufrollen.
Den Strudelteig ausziehen, vier ausreichend große Kreise ausstechen und mit flüssiger Butter bestreichen. Auf jedes Strudelblatt eine Kaninchenschnecke setzen, die Teigränder am Rand der Schnecke hochziehen und andrücken.
Die Kaninchenschnecken in heißem Butterschmalz mit der Teigseite nach unten schwimmend braten. Dabei mit einem Löffel immer wieder das heiße Schmalz über die Schnecke geben. Herausnehmen und auf Küchenpapier abtropfen lassen.
Die Morcheln putzen, gründlich waschen und gut trocknen. In Olivenöl anbraten, würzen und mit einem Schuß Madeira ablöschen. Die Schalotten und den Kaninchenfond dazugeben, etwa zehn Minuten köcheln lassen und abschmecken.
Die geputzten Karotten in Salzwasser blanchieren, abschrecken und abtropfen lassen. Butter in einer Sauteuse schmelzen, den Zucker darin auflösen und die Karotten dazugeben. Den Geflügelfond angießen, die Karotten glacieren und abschmecken.
Die Kaninchenschnecken auf heißen Tellern mit den Pilzen und den Karotten anrichten.

Gefüllter Kaninchenrücken mit Shitake-Pilzen
Vier Portionen

1 Kaninchen
1/2 große Karotte
1/2 große Zucchini

1/2 lange Aubergine
1–2 EL Olivenöl
1 Knoblauchzehe, geschält
1 Schweinenetz, gewässert
Öl und Butter zum Anbraten

Für die Füllung:
Keulen und Schulterfleisch des Kaninchens
100 g fetter Speck
1 Kaninchenleber
Salz, Pfeffer

Für die Sauce:
Knochen und Parüren vom Kaninchen
Öl zum Anrösten
1/2 Stange Lauch
1 Karotte
2 Zwiebeln
1/4 Sellerieknolle
1 Lorbeerblatt
1 Thymianzweig
1 Salbeiblatt
1 TL Tomatenmark
1/8 l Weißwein
Salz, Pfeffer

Für die Beilagen:
200 g Shitake-Pilze
1 EL Butter
1 Schalotte, fein gehackt
1 Spritzer Weißwein
50 g Crème double
5 Tomaten
1 TL Schalotten, gehackt
Olivenöl
1 Thymianzweig, 1 Knoblauchzehe
Salz, Pfeffer, Zucker

Keulen und Schultern vom Kaninchen auslösen und das Fleisch für die Farce kalt stellen. Die beiden Rückenstränge mit den Bauchlappen „hohl" auslösen und die Knochen kleinhacken.
Für die Sauce die gehackten Knochen in wenig Öl anrösten. Wenn sie eine schöne Farbe haben, das geschnittene Gemüse und die Kräuter dazugeben und ebenfalls anrösten. Das Tomatenmark unterrühren und kurz mitrösten. Mit dem Weißwein ablöschen, fast vollkommen einkochen und mit so viel Wasser auffüllen, daß alle Zutaten bedeckt sind. Einkochen, passieren und abschmecken.

Das Schulter- und Keulenfleisch mit dem Speck und der Leber durch die feine Scheibe des Fleischwolfs drehen. Die Farce mit Salz und Pfeffer auf Eis geschmeidig rühren.
Karotte, Zucchini und Aubergine in feine Streifen (in der Länge des Kaninchenrückens) schneiden und in Olivenöl mit wenig Knoblauch andünsten. Die Farce und die Gemüsestreifen abwechselnd auf den Kaninchenrücken streichen bzw. legen, die Bauchlappen darüberklappen, den Rücken zu einer Rolle formen, in das Schweinenetz einhüllen und binden. In der Öl-Buttermischung rundum goldbraun anbraten, in den 200 Grad heißen Ofen stellen, zehn Minuten braten und fünf Minuten warm gestellt ruhenlassen.
Die Pilze putzen und mit der gehackten Schalotte in Butter andünsten. Mit einem Spritzer Weißwein ablöschen, mit der Crème double auffüllen, zur gewünschten Konsistenz einkochen und abschmecken.
Die Tomaten blanchieren, häuten, entkernen und das Fleisch in feine Würfel schneiden. Die gehackten Schalotten mit dem Thymianzweig und der Knoblauchzehe in Olivenöl andünsten, die Tomatenwürfel dazugeben und im Ofen „schmoren", bis alle Flüssigkeit verdunstet ist. Die Kräuter herausnehmen, das Confit mit Salz, Pfeffer und einer Prise Zucker gut abschmecken.
Den Kaninchenrücken in Scheiben aufschneiden und auf der Sauce anrichten. Die Sahne-Pilze und eine Nocke Tomaten-Confit dazugeben.

Hummer auf weißen Bohnen
Vier Portionen

400 g weiße Bohnenkerne
1–2 Knoblauchzehen, geschält
1 Thymianzweig
1 Rosmarinzweig
2 EL Olivenöl
300 g Staudensellerie
3 große Karotten
1 Zucchini
2 rote Zwiebeln

2 Stangen Lauch
3 Tomaten
2 Hummer à 500 g
Salz, 20 g Butter
0,3 l Fischfond
Basilikum und Petersilie, fein gehackt
0,2 l geschlagene Sahne
Basilikumnudeln

Die Bohnen am Vortag einweichen. Knoblauch, Thymian und Rosmarin in Olivenöl anschwitzen, die abgetropften Bohnen dazugeben, mit Wasser auffüllen und bei sanfter Hitze langsam garen. Am Ende der Garzeit zwei Drittel der Bohnen aus dem Topf nehmen und reservieren. Die restlichen Bohnen pürieren und passieren.
Die Gemüse (Sellerie, Karotten, Zucchini, Zwiebeln, Lauch) putzen und in feine Würfel schneiden. Die Tomaten blanchieren, enthäuten, entkernen und würfeln. Alle Gemüsewürfel in Butter andünsten, die Bohnen dazugeben und den Fischfond angießen. Aufkochen lassen, mit dem Bohnenpüree binden und abschmecken. Zum Schluß die fein gehackten Kräuter und die Sahne unterheben.
Sechs Liter Salzwasser mit Karotten-, Sellerie- und Zwiebelabschnitten (vom Schneiden der Gemüsewürfel) aufkochen, die Hummer hineingeben und vier Minuten kochen. Herausnehmen, abkühlen und ausbrechen. Das Hummerfleisch im Ofen warm stellen.
Das Bohnengemüse auf heiße Teller verteilen, die Hummer darauf anrichten und die „al dente" gekochten Basilikumnudeln dazugeben.

Lachsschnitte auf Fenchelfondue mit Zucchini-Pistou
Vier Portionen

500 g Wildlachs (Mittelstück)
2 EL geklärte Butter

Für das Fenchelfondue:
1 kleine Fenchelknolle
1 dl Fischfond
1/2 dl Wasser
1 cl Noilly Prat
1 kleines Salbeiblatt, gehackt

Salz, Cayenne
1 EL geschlagene Sahne
20 g Butter, in kleinen Stücken

Für das Zucchini-Pistou:
1 EL geklärte Butter
1/2 Schalotte, gewürfelt
1 mittelgroße Zucchini, gewürfelt
1/2 Knoblauchzehe, gewürfelt
1/2 dl Fischfond
1/2 TL Thymianblätter, gezupft
Salz, Pfeffer

Den Lachs enthäuten und entgräten, in acht Scheiben (à ca. 40 g) schneiden und vor dem Anrichten in geklärter Butter vorsichtig braten.
Die geputzte Fenchelknolle in Würfel schneiden, das Fenchelgrün aufbewahren. Die Würfel mit Fischfond, Wasser, Noilly Prat und Salbei in eine Sauteuse geben und die Flüssigkeit sirupähnlich einkochen. Mit Salz und Cayenne abschmecken, das gezupfte Grün unterrühren. Vor dem Anrichten die geschlagene Sahne unterheben und die Butterstücke einschwenken.
Für das Zucchinigemüse die Schalottenwürfel in Butter anziehen, Zucchini und Knoblauch dazugeben. Andünsten, mit dem Fischfond ablöschen, den Thymian dazugeben und das Gemüse weich dünsten. Abschmecken.
Die Lachsscheiben auf dem Fenchel anrichten und mit dem Zucchini-Pistou nappieren.

Avocado-Mango-Carpaccio mit Langustinen
Vier Portionen

12 frische Langustinen, ca. 100 g pro Stück
2 EL Olivenöl
2 reife Mangos
2 reife Avocados

Für die Langustinensauce:
Langustinenkarkassen
2 EL Olivenöl
1 EL Butter
Röstgemüse, gewürfelt (je 20 g Karotten, Lauch, Staudensellerie, Schalotten)
1 kleine Tomate

1 TL Tomatenmark
1 cl Cognac
1 kleine Knoblauchzehe
2 dl Fischfond
1 dl Crème double

Für die Langustinen-Joghurtsauce:
1 dl Langustinensauce
50 g Naturjoghurt
Estragon-Essig, Zitronensaft
Salz, Pfeffer

Für die Garnitur:
Frisée- und Feldsalatblätter
Glocken- und Schlüsselblumen
Brennessel, Löwenzahn
Kerbel
4 EL leichte Vinaigrette

Die Langustinenschwänze ausbrechen, an der Unterseite mit der Schere aufschneiden und die Därme entfernen.
Vor dem Anrichten die Langustinen in Olivenöl anbraten, in den auf 200 Grad vorgeheizten Backofen stellen und zwei bis vier Minuten garen.
Für die Sauce die gesäuberten Karkassen im Ofen bei schwacher Hitze trocknen und in Olivenöl nicht zu scharf anbraten. Butter und Röstgemüse zufügen und leicht anziehen lassen. Tomate und Tomatenmark dazugeben, mit Cognac flambieren, die angedrückte Knoblauchzehe hineingeben und mit dem Fischfond auffüllen. 20 Minuten köcheln lassen, die Crème double angießen, sämig einkochen und durch ein Tuch passieren.
Die Langustinensauce (für diese Zubereitung wird nur ein Deziliter der Sauce benötigt) mit dem Joghurt und den übrigen Zutaten glattrühren und abschmecken.
Mangos und Avocados dünn schälen und in hauchdünne, gleichmäßige Scheiben schneiden.
Die Scheiben auf großen, gekühlten Tellern sternförmig anrichten und mit der Langustinen-Joghurtsauce nappieren. Die gebratenen Langustinenschwänze dazugeben, mit den Salaten, Blüten und Kerbelblättern garnieren.
Die Garnitur mit etwas Vinaigrette überziehen.

Rotwein-Risotto mit Rotbarben und grünem Spargel
Vier Portionen

4 Rotbarben, ca. 150 g pro Stück
2 EL geklärte Butter
40 g schwarze Oliven
1 EL Olivenöl
1 Schalotte, fein gewürfelt
2 EL Olivenöl
200 g Vialone-Reis
8 cl Rotwein
1/2 l Fischfond
1/2 l Geflügelfond
60 g Butter, in kleinen Stücken

Für die Garnitur:
24 grüne Spargelspitzen
Salz, Zucker, Butter
1 EL Butter
2 reife, feste Tomaten

Die Rotbarben filieren, mit Hilfe einer Pinzette sorgfältig entgräten und vor dem Anrichten in geklärter Butter von beiden Seiten kurz braten.
Die Oliven entsteinen, mit dem Olivenöl im Mixer fein pürieren und durch ein feines Haarsieb streichen.
Die Schalottenwürfel in Olivenöl glasig andünsten, den Reis zugeben und kurz durchschwenken. Fünf Minuten ziehen lassen und mit dem Rotwein ablöschen, einkochen, etwas Fisch- und Geflügelfond zugießen. Köcheln lassen und immer wieder von den beiden Fonds nachgießen. Unter ständigem Rühren 15 bis 17 Minuten köcheln, bis der Risotto dickflüssig vom Löffel läuft. Die Olivenpaste und die Butterstückchen einschwenken. Abschmecken.
Die Spargelspitzen in Salz-Zucker-Butterwasser blanchieren, eiskalt abschrecken, abtropfen lassen und vor dem Anrichten in heißer Butter schwenken.
Die Tomaten über Kreuz einschneiden, in sprudelnd kochendem Wasser brühen. Eiskalt abschrecken, enthäuten, entkernen und das Tomatenfleisch in gleichmäßige Rauten schneiden.
Den Risotto auf heiße Teller verteilen, die Rotbarbenfilets, Spargelspitzen und Tomatenrauten darauf anrichten.

Gefüllter Ochsenschwanz
Zehn bis zwölf Portionen

1 großer Ochsenschwanz
1 kleiner Ochsenschwanz
Salz
3 EL Olivenöl zum Anbraten

Für die Füllung:
1 EL Butter
2 mittelgroße Zwiebeln, gehackt
1 kleine Knoblauchzehe, gehackt
1 kleines Bund glatte Petersilie, gehackt
100 g Steinpilze, geschnitten
500 g Schweinefleisch (Nacken oder Schulter)
100 g Weißbrot ohne Rinde, in wenig Milch eingeweicht
2 Eier
Salz, Pfeffer, Muskat
6 mittelgroße, feste Steinpilze

Für die Sauce:
Ochsenschwanzknochen und -abschnitte (Parüren)
Röstgemüse, gewürfelt (3 Karotten, 2 Zwiebeln, 1/2 Staudensellerie, 2 Knoblauchzehen)
1 EL Tomatenmark
1 EL Mehl
2 dl Madeira
1/2 l Rotwein
Salz, Pfeffer

Für die Garnitur:
100 g Karotten, 100 g Sellerie
100 g feine grüne Bohnen
100 g kleine Pfifferlinge
4 EL Butter

Die Ochsenschwänze auslösen; das geht am besten mit einem dünnen Messer von der Unterseite her. Einmal längs der Mitte über den gesamten Ochsenschwanz schneiden, dann Knochen für Knochen auslösen, ohne die Fett-Fleischschicht einzuschneiden. Am dicken Ende die Fettschicht etwas abschneiden. An beiden Enden der ausgelösten Fleischschicht das Fleisch und die Sehnen kreuzweise einschneiden, damit sich beim Garen die Sehnen nicht zusammenziehen. Die Innenseiten leicht salzen.
Für die Füllung die Butter aufschäumen, die Zwiebeln hineingeben und glasig dünsten. Knoblauch, Petersilie und Pilze dazugeben, kurz anziehen lassen und kühl stellen.
Das Schweinefleisch und das ausgedrückte Weißbrot durch die grobe Scheibe des Fleischwolfs drehen. Fleisch, Brot, Eier und die Zwiebelmasse gut vermischen, mit Salz, Pfeffer und Muskat kräftig abschmecken.
Die Farce auf den größeren Ochsenschwanz verteilen, mit dem kleineren Schwanz abdecken und mit Küchengarn verschnüren. Mit Salz und Pfeffer einreiben.
In einem Bräter das Olivenöl erhitzen, den gefüllten Ochsenschwanz rundum anbraten und herausnehmen.
In dem Bratfett die Ochsenschwanzknochen und -abschnitte anbraten, das Röstgemüse und das Tomatenmark zufügen. Alles andünsten, mit dem Mehl bestäuben und noch einmal anziehen lassen. Mit Madeira ablöschen, mit Rotwein auffüllen und aufkochen lassen.
Den angebratenen Ochsenschwanz in einen Schmortopf legen und mit der Schmorsauce begießen, bis das Fleisch vollkommen bedeckt ist. In den auf 220 Grad vorgeheizten Ofen stellen und rund drei Stunden schmoren. Eventuell ab und zu etwas Wasser nachgießen.
Am Ende der Schmorzeit das Fleisch aus dem Topf nehmen, die Sauce durch ein feines Haarsieb passieren, entfetten und abschmecken.
Die Gemüse für die Garnitur würfeln, in Salzwasser getrennt blanchieren, abschrecken und gut abtropfen lassen.
Die Pfifferlinge putzen, in Butter schwenken, die Gemüsewürfel dazugeben und die Mischung abschmecken.
Die heiße Sauce auf Teller verteilen, den in Scheiben aufgeschnittenen Ochsenschwanz darauf anrichten und mit den Gemüsen garnieren.

Rehrücken im Blätterteig
Vier Portionen

500 g Rehrückenfilet
Öl zum Anbraten

100 g Geflügelleber
100 g Rehfleisch, pariert und in Würfel geschnitten
100 g fetter Speck
80 g Butter
Salz, Pfeffer
50 g Apfelscheiben
2 cl Madeira
2 cl Cognac
1/8 l Rehsauce
100 g Pilze
250 g Blätterteig
Ei zum Bestreichen

Für die Beilagen:
1 Apfel
Butter, Puderzucker
250 g grüne Bohnen
50 g gekochter Bauchspeck
1 Schalotte, fein gewürfelt
Salz, Pfeffer, Bohnenkraut

Für die Sauce:
Parüren (Knochen, Sehnen, Häute, Brustfleisch) eines ganzen Rehrückens oder 1,5 kg Knochen und Fleischabfälle vom Wild
3 EL Olivenöl
25 weiße Pfefferkörner, zerdrückt
20 g Butter
10 Wacholderbeeren, zerdrückt
1 kleine Zwiebel, gewürfelt
2 kleine Schalotten, gewürfelt
50 g Karotten, gewürfelt
40 g Knollensellerie, gewürfelt
2 Sträußchen Thymian
2 Lorbeerblätter
1/8 l Weißwein
1/4 l Crème double
1 EL Cognac
1 TL Preiselbeeren
15 g Blauschimmelkäse

Für die Farce nacheinander Geflügelleber, Rehfleisch und Speck in Butter (30 Gramm) kurz anbraten, mit Salz und Pfeffer würzen.
Die Apfelscheiben in Butter (20 Gramm) anbraten, mit Madeira und Cognac ablöschen, etwas einkochen, mit der Rehsauce auffüllen und um die Hälfte zu einer Glace einkochen. Kalt stellen.
Leber, Fleisch und Speck mit etwas Eis und der kalten Glace in der Küchenmaschine zu einer glatten Farce kuttern. Durch ein feines Sieb streichen und abschmecken.
Die in Würfel geschnittenen Pilze in der restlichen Butter anschwitzen und kalt unter die Farce mischen.
Den sorgfältig parierten Rehrücken würzen, auf beiden Seiten kurz in Öl anbraten und kalt stellen.
Den Blätterteig ausrollen und nicht zu knapp mit der Farce bestreichen. Die Ränder mit Ei bestreichen, den Rehrücken in den Teig einschlagen und nochmals mit Ei bestreichen. Im 220 Grad heißen Ofen in zwölf bis fünfzehn Minuten goldbraun backen.
Den Apfel schälen und in Spalten schneiden, in Butter mit Puderzucker goldgelb karamelisieren.
Die Bohnen kochen, in Eiswasser abschrecken und abtropfen lassen. Mit dem in Streifen geschnittenen Speck und der Schalotte in Butter anschwenken. Mit Salz, Pfeffer und Bohnenkraut abschmecken.
Für die Sauce die Rehrücken-Parüren daumennagelgroß schneiden und mit den Pfefferkörnern in heißem Olivenöl anrösten. Das Öl abschütten, Butter, Gemüse und Gewürze dazugeben. Alles braun anrösten, mit dem Weißwein ablöschen und einkochen. Sahne und Cognac hinzufügen, zur gewünschten Konsistenz einkochen und passieren. Preiselbeeren und Käse mit dem Handmixer in die Sauce einrühren, noch einmal durch ein feines Sieb passieren und abschmecken.
Den Rehrücken aufschneiden, die Scheiben mit der Sauce, den Bohnen und den Apfelspalten anrichten.

G'röstl von Krebsen und Kartoffeln
Vier Portionen

32 frische Bach- oder Flußkrebse
1 Stück Lauch
1 Stück Staudensellerie
2 Schalotten
Öl zum Anbraten
1 TL Tomatenmark
1–2 reife Tomaten
1 EL Cognac
25 cl kräftige Fischbrühe
10 cl Sahne
Butter zum Aufmixen
Salz, Pfeffer, Kümmel
750 g kleine Kartoffeln („Selma")
Kerbel

Die Krebse in sprudelnd kochendes Salzwasser geben und zwei bis drei Minuten kochen. Herausnehmen, ausbrechen und die Därme entfernen. Die Krebsnasen auswaschen.
Lauch, Staudensellerie und Schalotten fein würfeln und in Öl anschwitzen. Die Krebsnasen und Schalen dazugeben, leicht anrösten und das Tomatenmark unterrühren. Die entkernten, grob zerteilten Tomaten zufügen und mit dem Cognac ablöschen. Mit der heißen Fischbrühe aufgießen und etwa zwanzig Minuten köcheln lassen. Kurz vor Ende der Köchelzeit die Sahne angießen, noch einmal kurz aufkochen und durch ein feines Spitzsieb passieren. Den Fond mit kalter Butter aufmixen, mit Salz und Pfeffer abschmecken. Die Krebsschwänze und -scheren vor dem Anrichten in der Sauce erwärmen.
Die Kartoffeln in Salz-Kümmelwasser kochen, schälen und halbieren (größere Exemplare in Scheiben schneiden). In etwas Öl goldbraun anbraten, mit Salz, Pfeffer und gemahlenem Kümmel abschmecken.
Die Kartoffeln auf Teller verteilen, die Krebsschwänze darauf anrichten und mit der Krebssauce nappieren. Mit gezupftem Kerbel garnieren.

Gespicktes Kalbsbries mit grünem Spargel
Vier Portionen

4 superfrische Kalbsbriese, ca. 180 g pro Stück; gewässert, sorgfältig pariert und blanchiert
2 Karotten
1 Stück Knollensellerie
2 schwarze Trüffeln
3 EL geklärte Butter

Für die Sauce:
2 Schalotten, fein gewürfelt
1 EL Butter
1 dl trockener Weißwein
2 dl Kalbsfond
1/2 dl Trüffelfond
1 dl Crème double
80 g Butter, in kleinen Stücken

Für die Garnitur:
20 grüne Spargelspitzen
Salz, Zucker
1 TL Butter
2 EL geklärte Butter
3 EL Spargelfond
Kerbelblätter

Karotten und Sellerie erst in dünne Scheiben, dann in Zwei-Millimeter-Stifte schneiden, blanchieren, eiskalt abschrecken und gut abtropfen lassen. Die schwarzen Trüffeln in Stifte schneiden.
Mit einem scharfen Messer kleine Löcher in die Kalbsbriese stechen, die Gemüse- und Trüffelstifte hineinstecken. Vor dem Anrichten die gespickten Briese in geklärter Butter anbraten, in den 200 Grad heißen Backofen stellen und zehn bis zwölf Minuten garen. Die Briese sollen innen ganz leicht rosa bleiben.
Für die Sauce die Schalotten in Butter andünsten, mit Weißwein und Trüffelfond ablöschen. Etwas einkochen und mit dem Kalbsfond auffüllen. Auf 1,5 Deziliter reduzieren, die Crème double angießen, zur gewünschten sämigen Konsistenz einkochen und abschmecken. Zum Schluß die Butter einschwenken oder mit einem Mixstab montieren.
Für den Spargel Salz-Zuckerwasser mit einem Teelöffel Butter aufkochen, die Spargelspitzen darin blanchieren, eiskalt abschrecken und abtropfen lassen. Vor dem Anrichten in geklärter Butter mit etwas Spargelkochfond schwenken. Die Sauce auf vorgewärmte Teller verteilen, die Kalbsbriese mit den Spargelspitzen darauf anrichten und mit Kerbel garnieren.

Pochiertes Kalbsfilet mit Pesto und Paprikanudeln
Vier Portionen

500 g Kalbsfilet, ohne Haut und Sehnen
1 TL Butter
1 Schalotte, gespickt mit einer Nelke und einem Lorbeerblatt
1 Karotte, gewürfelt
1 Staudensellerie, geschnitten
2 Basilikumblätter
2,5 l Kalbsfond

Für die Nudeln:
200 g Mehl
2 große Eier
1 1/2 EL Olivenöl
1 Prise Salz
1 rote Paprika
1 gelbe Paprika
1 Knoblauchzehe, leicht angedrückt
1 EL Olivenöl
3 EL Kalbsfond
1 EL Olivenöl für die gekochten Nudeln

Für die Pesto-Sauce:
100 g frische Basilikumblätter (ca. 12 Bund)
1 Knoblauchzehe, geschält
35 g Pinienkerne
6 g grobes Meersalz
10 g Parmesan
1,5 dl Olivenöl

Die gespickte Schalotte mit den Karottenwürfeln, dem Staudensellerie und Basilikum in etwas Butter andünsten, mit dem Kalbsfond auffüllen und 30 Minuten köcheln lassen. Die Hitze reduzieren und das sorgfältig parierte Kalbsfilet in den Fond legen, 12 bis 15 Minuten pochieren. Herausnehmen und vor dem Aufschneiden fünf Minuten ruhenlassen.
Für die Nudeln das Mehl in eine Schüssel sieben, in einer zweiten Schüssel die Eier mit dem Olivenöl und einer Prise Salz verschlagen. Diese Mischung in das Mehl einarbeiten und zu einem glatten Teig verkneten. Zugedeckt eine Stunde ruhenlassen. Den Teig vierteln, durch die Nudelmaschine zu dünnen Platten drehen, leicht antrocknen lassen und in Ein-Zentimeter-Streifen schneiden. In Salzwasser kochen, abgießen und abtropfen lassen. Mit etwas Olivenöl beträufeln. Die Paprika dünn schälen, halbieren, entkernen und in gleichmäßige Rauten schneiden. In einer mit Knoblauch ausgeriebenen Sauteuse mit etwas Olivenöl andünsten, mit Kalbsfond ablöschen und leicht einkochen. Zu den heißen Nudeln geben.
Für die Pesto-Sauce die Basilikumblätter waschen und trocknen. Die Knoblauchzehe mit den Pinienkernen und dem Salz in einen Mörser geben, fein zerreiben, nach und nach die Basilikumblätter und den frisch geriebenen Käse zufügen. Zum Schluß das Olivenöl unterrühren.
Auf heißen Tellern die Paprikanudeln in der Mitte anrichten, die Kalbsfiletscheiben rundherum legen und die Zwischenräume mit der Pesto-Sauce füllen.

Eintopf von der Taube
Vier Portionen

4 Tauben
Salz, Pfeffer
4 EL Olivenöl
1 großer Kochsalat
80 g Karotten, fein geschnitten
40 g Sellerie, fein geschnitten
20 g feine grüne Bohnen
40 g Artischockenböden, gewürfelt
20 g Erbsen
30 g Champignons
25 g Steinpilze
25 g Pfifferlinge
20 g Gänsestopfleber, in kleinen Würfeln
5 g schwarze Trüffeln, in Streifen
3 dl Taubenfond
1/2 dl Madeira

Für den Taubenfond:
Taubenkarkassen
3 EL Olivenöl
Röstgemüse (4 Schalotten, 2 Karotten, 1 Staudensellerie)
1 dl Madeira
1 l Geflügelfond, entfettet

Die Tauben ausnehmen, innen und außen würzen. In einem Bräter das Öl erhitzen, die Tauben rundherum braun anbraten und für sieben Minuten in den 250 Grad heißen Ofen stellen. Die Tauben herausnehmen und abkühlen lassen. Die Brüstchen von der Karkasse ablösen, die Keulen abtrennen und die Innereien kurz im Bratfett angehen lassen.
Für den Fond die Taubenkarkassen kleinhacken und in Olivenöl anrösten. Das grob geschnittene Röstgemüse zufügen, leicht anziehen lassen und mit dem Madeira ablöschen. Mit dem Geflügelfond auffüllen, aufkochen und abschäumen. Eine Stunde köcheln lassen, dabei immer wieder abschäumen und entfetten. Durch ein Passiertuch gießen, abkühlen lassen, das Fett abheben und den Fond auf drei Deziliter einkochen.
Den Salat waschen und die äußeren Blätter entfernen. Reichlich Salzwasser aufkochen, darin den ganzen Salat etwa 30 Sekunden blanchieren, eiskalt abschrecken und abtropfen lassen. Die einzelnen Blätter ablösen, auf einem Tuch trocknen und grobe Blattrispen herausschneiden.
Alle Gemüse (außer die Pilze und Trüffeln) kurz blanchieren, abschrecken und abtropfen lassen. Eine Terrinenform mit den Salatblättern so auskleiden, daß die Blätter am oberen Rand etwas überstehen. Die Hälfte der Gemüse in der Form verteilen und darauf Taubenbrüstchen, -keulen und -innereien verteilen. Mit den restlichen Gemüsen, den Pilzen, der Gänsestopfleber und den Trüffelstreifen bedecken. Würzen, mit dem warmen Madeira und dem Taubenfond begießen. Mit den Salatblättern zudecken und ein wenig festdrücken. Die Form mit einem Deckel gut verschließen, in den 240 Grad heißen Ofen stellen und zehn Minuten garen. Den Tauben-Eintopf auf heißen Tellern anrichten.

Ravioli mit Entenfüllung und Steinpilzen
Vier Portionen

430 g Mehl
3 Eier
3 Eigelb
1 Prise Salz
2 EL Olivenöl
20 Blätter glatte Petersilie
Eigelb zum Bestreichen

Für die Füllung:
2 Entenbrüste, ohne Haut
2 Entenkeulen, ohne Haut
1–2 EL Olivenöl
2 dl Crème double
Salz, Pfeffer
100 g Steinpilze
2 EL Olivenöl
1 Schalotte, gewürfelt
Madeira
1 EL Petersilie, gehackt

Für die Beilage:
20 kleine, feste Steinpilze
2 EL Butter
1–2 cl Entenjus

Für den Ravioliteig das Mehl in eine Schüssel sieben. In einer zweiten Schüssel Eigelb, Eier, Salz und Olivenöl verschlagen und unter das Mehl rühren. Zu einem glatten Teig verkneten und etwa zwei Stunden zugedeckt ruhen lassen.
Für die Füllung eine Entenbrust in Ein-Zentimeter-Würfel schneiden, in heißem Olivenöl rosa anbraten und auf einem Sieb abtropfen lassen.
Die zweite Entenbrust und das Fleisch der beiden Keulen in grobe Würfel schneiden und mit der Crème double für zehn Minuten in den Tiefkühler stellen. Das Entenfleisch salzen und im Küchenkutter zu einem feinen Mus pürieren. Auf Eis stellen, nach und nach die Crème double einarbeiten. Durch ein Sieb streichen und abschmecken.
Die Steinpilze putzen, würfeln und in heißem Olivenöl anbraten. Die Schalottenwürfel zufügen, mit Madeira ablöschen und abkühlen.
Die Entenbrust- und die Pilzwürfel unter die Entenfarce rühren, die

gehackte Petersilie zufügen und abschmecken.
Den Ravioliteig dünn ausrollen, im Abstand von vier bis fünf Zentimetern mit einem Petersilienblatt belegen und darauf einen Teelöffel Entenfarce geben. Die Zwischenräume mit Eigelb bestreichen und mit einer zweiten dünnen Teigplatte belegen. Gut andrücken, mit einem Zackenrad die Ravioli ausradeln und antrocknen lassen.
Wasser mit Salz und etwas Olivenöl aufkochen, die Ravioli hineingeben und gar ziehen (nicht kochen). Herausnehmen und abtropfen lassen.
Die Steinpilze für die Beilage putzen, eventuell halbieren und in aufschäumender Butter anbraten.
Die Ravioli auf vorgewärmten Tellern anrichten, mit den Steinpilzen umlegen und mit dem Entenjus nappieren.

Kalbsniere mit Kalbshirn gefüllt
Vier Portionen

2 Kalbsnieren, 200–250 g pro Stück
200–250 g Kalbshirn
4 Scheiben Toastbrot ohne Rinde
Butter
120–150 g Spinat
Salz, Pfeffer
1 Schweinenetz, gewässert
Fett zum Braten
4 kleine Kartoffeln
4 kleine Navets (weiße Rüben)
1 kleines Bund Petersilie

Für die Sauce:
8 cl Kalbsfond
1–2 cl alter Rotweinessig
Salz, Pfeffer
Balsamico-Essig
20 g kalte Butter

Von den Nieren das Fett sauber auslösen und die Nieren dabei nicht zerschneiden. Das äußere Nierenfett kleinschneiden und auslassen.
Das Hirn wässern, enthäuten, sauber parieren und in kleine Würfel schneiden.
Das Toastbrot würfeln und in Butter bräunen.
Den gewaschenen Spinat blanchieren, gut ausdrücken und in Streifen schneiden. Die Brot- und Hirnwürfel mit dem Spinat mischen.
Die Nieren innen und außen mit Salz und Pfeffer würzen und mit der Hirn-Mischung füllen. In Schweinenetz einschlagen und in neutralem Fett im heißen Ofen sechs bis acht Minuten braten.
Die Kartoffeln und die Navets schälen und tournieren. Vier Eßlöffel Nierenfett erhitzen und die Kartoffeln darin acht Minuten bräunend garen. Nach der Hälfte der Garzeit die Navets zugeben. Aus der Pfanne nehmen und auf einem Sieb abtropfen lassen. In wenig Butter mit Petersilie nachschwenken.
Für die Sauce den Kalbsfond mit dem Essig etwas einkochen. Mit Salz, Pfeffer und Balsamico-Essig abschmecken. Vor dem Anrichten die kalten Butterstückchen unterschwenken.
Die Nieren in leicht schräge Scheiben schneiden und mit den zwei Gemüsen auf der Sauce anrichten.

Quarksoufflé mit Limettensauce
Vier Portionen

2 Eigelb, 40 g Zucker
1 Messerspitze abgeriebene Zitronenschale
80 g Quark
3 Eiweiß
30 g Zucker
Butter und Zucker für die Formen

Für die Sauce:
75 g Zucker
Saft von zwei Limetten
Abgeriebene Schale von zwei unbehandelten Limetten
1 dl Weißwein
1 TL frischer Ingwer, fein geschnitten
4 schöne Limequats (Mini-Zitrusfrucht aus den Subtropen) für die Garnitur

Die Eigelb mit dem Zucker und der Zitronenschale cremig rühren, den Quark durch ein Haarsieb streichen und zur Eimasse geben.
Die Eiweiß halbsteif anschlagen, den Zucker zugeben und zu festem Schnee schlagen. Zuerst ein Drittel des Schnees unter die Soufflémasse rühren, dann den restlichen Eischnee vorsichtig unterheben.
Vier Souffléformen mit Butter ausstreichen und mit Zucker ausstreuen. Die Formen zu drei Vierteln mit der Quarkmasse füllen, ohne die Ränder zu verschmieren.
Kochendes Wasser zwei Finger hoch in eine feuerfeste Form gießen, die Soufflés in das Wasserbad hineinstellen und im 180 Grad heißen Ofen 15 bis 20 Minuten backen. Während der Backzeit die Ofentür nicht öffnen, damit die Soufflés nicht zusammenfallen.
Für die Sauce den Zucker in einer Pfanne goldgelb karamelisieren und mit dem Limettensaft ablöschen. Den Weißwein angießen, die abgeriebene Limettenschale und den fein geschnittenen Ingwer dazugeben. Die Mischung zu einer leicht sämigen Sauce einkochen.
Die Sauce auf Teller verteilen, die Soufflés aus dem Ofen nehmen und in die Mitte setzen. Mit den in dünne Scheiben aufgeschnittenen Limequats garnieren.

Soufflierter Crêpe mit Kirschen
Sechs Portionen

50 g Mehl
25 g Zucker
125 g Milch
1 Ei
Salz
100 g braune Butter
Butter für die Form
Puderzucker

Für die Soufflémasse:
4 Eiweiß
30 g Zucker
1 Messerspitze Mondamin
1 Eigelb

Für die Füllung:
20 g Cremepulver
5 g Mehl
60 g Zucker
2 Eigelb
1/4 l Milch
60 g kalte Butter
2 cl Kirschbrand
4 EL geschlagene Sahne

Für die Kirschen:
500 g Kirschen
1/4 l Rotwein
1/8 l Portwein
2 cl Kirschbrand
1 Zimtstange
60 g Zucker

Für die Crêpes das Mehl mit dem Zucker, der Milch, dem Ei und einer Prise Salz glattrühren, die heiße braune Butter dazugeben, alles kräftig durchmixen und den Teig passieren. In einer passenden Pfanne dünne Crêpes ausbacken.
Für die Füllung Cremepulver, Mehl, Zucker und die Eigelb in etwas Milch anrühren. Die Mischung nach und nach in die kochende Milch geben. Gut durchkochen, vom Herd nehmen und die kalte Butter einschlagen. Die kalte Masse mit Kirschbrand aromatisieren und zum Schluß die geschlagene Sahne unterheben.
Die Crêpes mit der Creme füllen und nebeneinander in eine gebutterte, feuerfeste Form setzen.
Für die Soufflémasse die Eiweiß mit dem Zucker fest aufschlagen, das Mondamin einstäuben und das Eigelb zügig unterheben. Schöne Nocken abstechen und auf die Crêpes verteilen. In den 220 Grad heißen Ofen stellen und bei starker Oberhitze „abflämmen".
Für die Beilage die Kirschen entsteinen. Den Rotwein mit Portwein, Kirschbrand, Zimt und Zucker aufkochen. Die Kirschen hineingeben, den Topf vom Herd nehmen und die Kirschen im Sud abkühlen lassen.
Die soufflierten Crêpes mit Puderzucker bestreuen und mit dem Kirsch-Ragout anrichten.

Mango-Charlotte mit Heidelbeersauce
Vier Portionen

3 Eigelb
40 g Zucker
3 Eiweiß
40 g Zucker
85 g Mehl
10 g Kakao, entölt

Für die Füllung:
200 g Mangomark
30 g Zucker
3 Blatt Gelatine
3 Eiweiß
40 g Zucker
200 g geschlagene Sahne

Für die Garnitur:
200 g Heidelbeeren
2 cl Heidelbeerbrand
50 g Puderzucker
1/2 Mango, geschält und in schmale Scheiben geschnitten
Heidelbeeren zum Garnieren

Für den Biskuitteig Eigelb und Zucker über einem Wasserbad heiß aufschlagen und anschließend kalt rühren. Die Eiweiß mit dem Zucker zu festem Schnee schlagen und zusammen mit dem gesiebten Mehl unter die Eigelbmasse heben. Die Masse teilen und die eine Hälfte mit dem Kakaopulver braun färben.
Beide Teige abwechselnd diagonal auf ein mit Backpapier ausgelegtes Blech spritzen und bei 140 bis 180 Grad hell backen. Herausnehmen, mit etwas Zucker bestreuen und vom Papier lösen. Den abgekühlten Teig in waagerechte Streifen schneiden, Metall- oder Plastikreifen (Durchmesser: 10 Zentimeter) rundum damit auslegen und kalt stellen.
Für die Füllung einen Teil des Mangomarks mit dem Zucker erwärmen und die eingeweichte, gut ausgedrückte Gelatine darin auflösen. Zusammen mit dem restlichen Mangomark kalt rühren. Die Eiweiß mit Zucker zu Schnee aufschlagen und zusammen mit der Schlagsahne unterziehen. In die Ringe einfüllen und kalt stellen.

Die Heidelbeeren mit dem Schnaps und dem Zucker pürieren und passieren.
Die Charlotte aus dem Reifen nehmen und den Rand mit Puderzucker bestäuben. Mit der Heidelbeersauce, den frischen Heidelbeeren und den Mangoscheiben anrichten.

Geeiste Apfelsuppe mit Frittaten
Sechs Portionen

3 kg grünschalige, reife Äpfel
Zucker, Zitrone
5 cl Calvados
1 rotschaliger Apfel
Minzeblätter, in feinen Streifen

Für die Crêpes:
50 g Mehl
25 g Zucker
125 g Milch
1 Ei
1 Prise Salz
100 g braune Butter

Die ungeschälten Äpfel im Saftomat entsaften, den Saft mit Zucker und Zitrone abschmecken und kalt stellen. (Durch das Apfel-Pektin geliert der Saft während der Kühlzeit.) Vor dem Anrichten mit Calvados verfeinern. Das Mehl, den Zucker, die Milch und das Ei mit einer Prise Salz glattrühren. Die heiße Butter dazugeben, den Crêpeteig gut durchmixen und passieren. In einer Pfanne dünne Crêpes ausbacken und in Streifen schneiden. Den roten Apfel ungeschält in feine Stifte schneiden.
Die Suppe auf kalten Tellern mit den Crêpe-Frittaten, Apfelstiften und Minzestreifen anrichten.

Portweinfeigen in Schokoladenschaum
Vier Portionen

12 Feigen
Puderzucker
100 g Portwein
100 g Grand Marnier

Für den Schokoladenschaum:
200 g Crème double
100 g dunkle Kuvertüre
10 g Stroh-Rum
100 g Portwein
80 g Crème de Cacao
80 g Grand Marnier
100 g geschlagene Sahne

Für den Schokoladenschaum die Crème double mit der Kuvertüre und dem Alkohol (Rum, Port, Crème de Cacao und Grand Marnier) unter Rühren aufkochen. Vom Herd nehmen, abkühlen lassen und in den Kühlschrank stellen. Vor dem Anrichten kräftig aufmixen und die geschlagene Sahne locker unterheben. Die Feigen schälen, in eine feuerfeste Form stellen und mit etwas Puderzucker bestäuben. Portwein und Grand Marnier angießen. In den 180 Grad heißen Ofen stellen und zehn bis zwölf Minuten pochieren.
Auf gekühlten Tellern den eiskalten Schokoladenschaum verteilen, die heißen Feigen darauf anrichten und mit einen Löffel Pochierfond nappieren.

Honig-Mousse mit Walderdbeeren aus dem Schokoladen-Körbchen
Acht Portionen

1 Ei
1 Eigelb
3 Blatt Gelatine
2 cl Honiglikör
150 g weiße Kuvertüre
90 g Honig
500 g Sahne, geschlagen

Für die Saucen:
1 reife Mango
15 g Puderzucker
1 Schuß Champagner
250 g Walderdbeeren
20 g Puderzucker
Saft einer halben Zitrone
300 g Walderdbeeren
Puderzucker
Frische Minzeblätter
Dunkle Kuvertüre für die Körbchen

Ei und Eigelb in einer Schüssel über heißem Wasserdampf dicklich aufschlagen. Die in kaltem Wasser eingeweichte und gut ausgedrückte Gelatine in dem leicht angewärmten Likör auflösen, mit der im Wasserbad geschmolzenen Schokolade und dem Honig nach und nach unter die Eimasse ziehen. Zum Schluß die Schlagsahne unterheben, die Mousse in eine Schüssel füllen und im Kühlschrank anziehen lassen.
Die Mango schälen, den Kern auslösen, das Fruchtfleisch mit Puderzucker und Champagner pürieren. Durch ein feines Sieb passieren und abschmecken. Die Walderdbeeren kurz spülen und trocknen. Mit Zucker und Zitronensaft im Mixer pürieren, durch ein feines Sieb streichen und abschmecken.
Für die Körbchen Pergamentpapier über die Außenseite einer Aluform kleben und mit temperierter Kuvertüre bespritzen. Die kalte Kuvertüre mit dem Papier von der Form ziehen und anschließend die Schokolade vom Papier lösen. Die Körbchenböden extra auf Pergament spritzen und nach dem Erkalten „ankleben".
Walderdbeer- und Mangosauce auf Teller dekorativ verteilen. Von der Honig-Mousse Nocken abstechen und mit den mit Puderzucker bestäubten Walderdbeeren auf den Saucen anrichten. Ein Schokoladenkörbchen dazugeben und mit Minzeblättern garnieren.

Gebackene Erdäpfelnudeln mit Vanillesauce
Vier Portionen

15 g Hefe
25 g Sahne
125 g Mehl
75 g Kartoffeln, gekocht und passiert
15 g flüssige Butter
1 Ei

2 Eigelb
Salz
500 g Fett zum Fritieren
Puderzucker
Schwarze Johannisbeeren

Für die Vanillesauce:
250 g Sahne
Mark einer Vanilleschote
3 Eigelb
30 g Zucker
Cassismark zum Verzieren

Die Hefe in der leicht erwärmten Sahne auflösen und mit den übrigen Zutaten zu einem Hefeteig mischen. Zugedeckt an einem warmen Ort gehen lassen und darauf achten, daß der Teig nicht trocknet.
Den Teig ausrollen, zusammenschlagen und fingerdicke, etwa acht Zentimeter lange Nudeln formen.
In 180 Grad heißem Fett goldbraun ausbacken, herausnehmen und die Nudeln auf Küchenpapier gut abtropfen lassen.
Für die Sauce die Sahne mit dem Vanillemark aufkochen, über die mit Zucker verrührten Eigelb gießen und auf einem heißen Wasserbad „zur Rose" abziehen. Die Sauce auf Eis stellen und kalt rühren.
Die heißen Nudeln mit Puderzucker bestäuben und mit der Vanillesauce anrichten. Die Sauce mit Cassismark verzieren und den Teller mit schwarzen Johannisbeeren garnieren.

Glacierter Nußschmarren
Vier Portionen

60 g Mehl
1/8 l Milch
3 Eigelb
Salz, Zimt
30 g Zucker
1 cl Stroh-Rum
3 Eiweiß
3 EL Zucker
2 EL Butter
2 EL Zucker
Puderzucker, Zimt-Zucker

Für die Einlage:
1 dl Milch
Mark einer halben Vanilleschote
240 g Nußkuchen (Rezept siehe unten)
80 g Haselnüsse
2 EL Zucker
1 EL Wasser

Für die Einlage die Milch mit dem Vanillemark erwärmen, den Kuchen in einen halben Zentimeter dicke Scheiben schneiden und mit der Vanillemilch benetzen.
Die enthäuteten Haselnüsse grob hacken. Den Zucker in einer Kupfersauteuse karamelisieren, mit etwas Wasser ablöschen und zu einem sämigen Karamel verkochen. Die Haselnüsse dazugeben, die Masse auf einer geölten Fläche abkühlen lassen und im Mörser grob zerkleinern.
Für den Schmarrenteig das Mehl in eine Schüssel sieben, nach und nach die Milch einrühren und die Eigelb dazugeben. Mit Salz, Zimt, Zucker und dem Stroh-Rum abschmecken. Den Teig durch ein Haarsieb passieren und zugedeckt eine Stunde ruhen lassen.
Das Eiweiß anschlagen, den Zucker zugeben und zu festem Schnee schlagen. Mit den Haselnüssen und den Kuchenscheiben unter den Schmarrenteig heben.
Die Butter in einer Pfanne zerlaufen lassen, darin den Zucker karamelisieren und den Teig einfüllen. In den 190 Grad heißen Ofen stellen und etwa 17 Minuten goldbraun backen. Den Schmarren in der Pfanne zerpflücken und auf Teller verteilen. Mit Puderzucker und Zimt-Zucker bestäuben.

Nußkuchen
Für zwei Kuchen

150 g Butter, 120 g Puderzucker
7 Eigelb
Mark einer Vanilleschote
7 Eiweiß
60 g Puderzucker
120 g weiße Kuvertüre
140 g ungeschälte Mandeln, gerieben
100 g Biskuitbrösel

Butter mit Puderzucker, Eigelb und Vanillemark schaumig rühren. Die Eiweiß mit dem Zucker zu festem Schnee aufschlagen, mit der geschmolzenen Kuvertüre, den Mandeln und Biskuitbröseln unter die Buttermasse heben. In zwei Formen (Durchmesser: 18 cm) füllen und im 170 Grad heißen Ofen 50 Minuten backen.

Feigenküchlein auf Cassis-Spiegel
Vier Portionen

4 reife Feigen
100 g Blätterteig
1 EL Zucker
1 EL Zimt
2 Eigelb
Mark einer Vanilleschote
Abgeriebene Schale einer unbehandelten Zitrone
40 g Puderzucker
1 EL Rum
2 Eiweiß, 30 g Zucker
20 g Mondamin

Für die Cassissauce:
250 g schwarze Johannisbeeren
1,5 dl Rotwein
4 cl Crème de Cassis
Saft einer halben Orange
1/2 Zimtstange
100 g Zucker
1 EL Sahne

Für die Garnitur:
Puderzucker
Kakao
4 cl Crème de Cassis
Minzeblätter

Für die Cassissauce die entstielten Johannisbeeren mit Rotwein, Crème de Cassis, Orangensaft, Zimt und Zucker in eine Sauteuse geben. Einmal aufkochen, die Zimtstange herausnehmen, die Sauce mit dem Mixstab pürieren, durch ein feines Haarsieb passieren und abkühlen. Von der Sauce vier Eßlöffel abnehmen und mit der Sahne verrühren.
Die Feigen waschen, schälen und in schmale Ecken schneiden.
Den Blätterteig auf einer leicht mehlierten Arbeitsplatte einen Millimeter dünn ausrollen, Kreise (Durchmesser: 10 cm) ausstechen und mehrfach mit einer Gabel einstechen. Auf ein mit Backpapier ausgelegtes Backblech geben und im 200 Grad heißen Ofen drei bis fünf Minuten nicht zu braun backen. Herausnehmen, mit etwas Zucker und Zimt bestreuen.
Für die Gratinmasse die Eigelb mit dem Vanillemark, der Zitronenschale und dem Puderzucker cremig rühren, den Rum dazugießen und über einem nicht zu heißen Wasserbad schaumig aufschlagen, bis die Masse bindet. In ein kaltes Wasserbad stellen und kalt rühren.
Die Eiweiß halbsteif anschlagen, den Zucker zugeben und zu festem Schnee aufschlagen. Mit dem Mondamin unter die kaltgerührte Gratinmasse heben. Die Blätterteigscheiben dünn mit etwas von der Gratinmasse bestreichen, darauf die Feigenstücke rosettenähnlich verteilen, mit etwas Zimt-Zucker bestreuen und die restliche Gratinmasse über die Feigen verteilen.
Für zwölf Minuten in den 220 Grad heißen Backofen stellen, leicht mit Puderzucker bestäuben und kurz unter dem Salamander oder Grill karamelisieren.
Vier große Teller mit Puderzucker und Kakao bestäuben, die dunkle Cassissauce in die Mitte geben und mit der hellen Cassissauce und Crème de Cassis verzieren. Die Feigenküchlein auf der Sauce anrichten und mit frischer Minze garnieren.

Für die Hilfe beim Erarbeiten, Zusammenstellen und Schreiben der Rezepte bedankt sich Eckart Witzigmann herzlich bei Markus Bischoff, Bobby Bräuer, Hans Haas, Markus Heering, Philipp Schlienger und Felix Schmid.

Die Rezepte von A bis Z

	Bild	Rezept
Auberginen à la „Aubergine"	30/31	157
Aal in Rotwein	68/69	166
Aalgelee	42/43	160
Apfelsuppe mit Frittaten	148	188
Artischockenparfait mit Hummer	117	177
Austern-Gelee mit Seeigeln	62/63	165
Backpflaumen in Cassis mit Mohnmousse	104/105	174
Beerensülze	104/105	174
Crêpe, souffliert, mit Kirschen	146	187
Entenbrust, gepökelt, auf Rübenkraut	90/91	171
Erdäpfelnudeln mit Vanillesauce	151	188
Feigenküchlein auf Cassis-Spiegel	153	189
Gänseleber-Terrine mit Morcheln	42/43	159
Gams-Innereien, geschnetzelt	86/87	170
Gemüse, gefüllt, mit Petersilienbutter	44/45	160
Grieß-Soufflé mit Aprikosen	106/107	175
Honig-Mousse mit Walderdbeeren aus dem Schokoladenkörbchen	150	188
Hummer mit schwarzen Ravioli	60/61	164
Hummer auf weißen Bohnen	133	183
Hummer exotisch	125	180
Hummersuppe mit Blumenkohlröschen	62/63	164
Hummer-Lasagne mit schwarzen Trüffeln	121	179
Jakobsmuscheln und Lachs im Frühlingsrollenteig	58/59	164
Jakobsmuscheln und Langustinen mit Rotwein- und Limonenbutter	50/51	162
Jakobsmuschel-Carpaccio mit Oliven	58/59	163
Kalbsbries, gespickt, mit grünem Spargel	140	185
Kalbsbries mit grünem Spargel und Morcheln	36/37	158
Kalbsbries „Rumohr"	82/83	168
Kalbsbries-Parfait mit Hummer	42/43	159
Kalbsbrustspitzen und Kalbskopf in Riesling mit Palffyknödeln	98/99	172
Kalbsfilet mit gefüllten Artischocken und Kartoffel-Lauch-Chips	96/97	172
Kalbsfilet mit Pesto	141	186
Kalbskopf mit Bries und Hirn auf Salat	120	178
Kalbskotelett mit „Feinem vom Kalb" und Lauch	100/101	173
Kalbsniere auf Austernpilzen	80/81	168
Kalbsniere mit Kalbshirn gefüllt	144	187
Kalbsnieren auf Artischocken mit Schalottensauce	126	180
Kalbsnieren-Nüßchen auf Graupengemüse	80/81	168
Kaninchen mit Bärlauchcreme	84/85	169
Kaninchenrücken mit Shitake-Pilzen	132	182
Kaninchensalat mit Steinpilzen	54/55	163
Kaninchenschnecke mit Morcheln und Karotten	131	182
Kaninchen-Beuschel mit Palffyknödel und Wachtelei	86/87	170
Kaninchen-Emincé mit Shitake-Pilzen und Lauchzwiebeln	78/79	168
Kaviar mit Galette von wildem Reis	32/33	157
Knödelblätter mit Lammbries und Pfifferlingen	76/77	167
Knödelblätter mit Lammzunge und schwarzen Trüffeln	76/77	167
Krebsnasen, gefüllt, mit Kohlrabi	56/57	163
Krebs-G'röstl mit Kartoffeln	139	185

Lachs mit Limettensauce	119	178
Lachsschnitte auf Fenchelfondue mit Zucchini-Pistou	134	183
Lachstimbale mit Krebsen	123	179
Lammrücken mit Auberginenfüllung im Zucchinimantel	92/93	171
Lammsattel im Pfeffersud mit Frühlingsgemüsen	130	182
Lammzunge mit Kartoffelrouladen	127	181
Lamm-Crépinettes auf geschmortem Wirsing	88/89	170
Langustinen auf Avocado-Mango-Carpaccio	135	183
Lebkuchen-Soufflé mit Altbier-Sabayon und Preiselbeeren	106/107	175
Lotte auf Kartoffeln mit Zwiebeln	122	179
Loup auf Fenchel	124	180
Makkaroni-Soufflé auf Safransauce	116	176
Mango-Charlotte mit Heidelbeersauce	147	188
Nußschmarren, glaciert	152	189
Ochsenschwanz, gefüllt	137	184
Orangenhippen mit Erdbeeren und Minzsauce	108/109	175
Paprika-Essenz mit Kartoffelroulade	118	177
Pfirsich mit Campari-Schaum	110/111	176
Portweinfeigen in Schokoladenschaum	149	188
Poulardenbrust auf Kartoffel-Lauch-Gratin	128	181
Quarksoufflé mit Limettensauce	145	187
Räucherlachsgelee mit Spargelmousse	34/35	157
Räucherlachsmousse auf Kaviargelee	32/33	157
Ravioli mit Entenfüllung und Steinpilzen	143	186
Rehrücken im Blätterteig	138	184
Rotbarbe mit jungem Knoblauch in Gemüsetee	74/75	167
Rotbarbe mit Kartoffelschuppen auf Zucchini-Auberginensalat	54/55	163
Rotbarbe und Wolfsbarsch auf Weißweinsauce	64/65	165
Rotwein-Risotto mit Rotbarben und grünem Spargel	136	184
Schellfisch im Strudelteig und zwei Saucen	52/53	162
Schokoladenblätterteig mit Tee-Mousse und Nougateis	108/109	176
Schoko-Omelette mit Orangen	102/103	174
Spanferkelrücken auf jungem Kohl mit Saubohnen	94/95	172
Steinbutt in Kartoffelkruste auf Linsen	72/73	166
Steinbutt-Rosette mit Algen auf Limettensauce	70/71	166
Stubenküken auf zwei Saucen	129	182
Taschenkrebssalat mit Erbsenschoten	38/39	158
Taubenbrust auf Artischocken-Pilzsalat	38/39	158
Taubenbrust im Schweinenetz mit Kartoffel-Crêpe	88/89	170
Tauben-Chartreuse	40/41	159
Tauben-Eintopf	142	186
Topfenknödel mit Herzkirschen	102/103	173
Trüffel auf Artischockensalat	48/49	162
Trüffel-Cannelloni mit Pakchoi und italienischem Speck	46/47	161
Trüffel-Ei auf Cremespinat	48/49	162
Trüffel-Topinambur-Rosette	46/47	161
Waller, gebraten, auf eingemachten Tomaten	66/67	165
Waller im Riesling-Wurzelsud	66/67	166
Wiener Flora-Krapfen mit Himbeeren	102/103	173
Zander auf Linsenspecksauce	72/73	166
Zicklein mit Schalotten und Bärlauchbutter	84/85	169

Eckart Witzigmann
HIGHLIGHTS

© 2005 Nikol Verlagsgesellschaft mbH & Co. KG, Hamburg
www.nikol-verlag.de
© 1991 Edition Willsberger AG
Alle Rechte vorbehalten, insbesondere die der Reproduktion aller Art.
All rights reserved.
Konzeption und Gestaltung: Johann Willsberger
Alle Gerichte in diesem Buch wurden auf Tellern aus den Serien
"Plaza" und "Etoiles" des Designers Hanns Welling fotografiert.

Litho: Kirschbaum Laserscan, Düsseldorf
Satz: Fertigsatz, München
Umschlaggestaltung: Thomas Jarzina, Köln
Printed in Slovenia.

ISBN 3-930656-67-1